Wolfgang Hien/Rolf Spalek/Ralph Joussen/
Gudrun Funk/Renate von Schilling/Uwe Helmert

Ein neuer Anfang wars am Ende nicht

Gudrun Funk, Diplompädagogin, wiss. Mitarbeiterin im Forschungsbüro für Arbeit, Gesundheit und Biographie, Schwerpunkt: Biographieforschung.

Uwe Helmert, PD Dr. rer. pol., Soziologe und Epidemiologe (MPH), wiss. Mitarbeiter und Projektleiter am Zentrum für Sozialpolitik der Universität Bremen.

Wolfgang Hien, Dr. rer. pol., Leiter des Forschungsbüros für Arbeit, Gesundheit und Biographie, Bremen, Lehrbeauftragter der Universität Bremen.

Ralph Joussen, Diplom-Sozialwissenschaftler, wiss. Mitarbeiter bei der Team Gesundheit GmbH in Essen, Schwerpunkt: Befragungen und Statistik.

Renate von Schilling, Mitarbeiterin im Forschungsbüro für Arbeit, Gesundheit und Biographie, Schwerpunkt: Transkription offener Interviews.

Rolf Spalek, ehemaliger Betriebsrat beim Bremer Vulkan, Schwerpunkt: Gesundheitsschutz und Beratung berufserkrankter Werftarbeiter und anderer Arbeitnehmer/innen.

Wolfgang Hien/Rolf Spalek/Ralph Joussen/
Gudrun Funk/Renate von Schilling/Uwe Helmert

Ein neuer Anfang wars am Ende nicht

Zehn Jahre Vulkan-Pleite:
Was ist aus den Menschen geworden?

Eine Studie im Auftrag des
Vereins Arbeit und Zukunft e.V. in Bremen
zu Arbeit, Leben und Gesundheit der ehemaligen Vulkanesen

VSA-Verlag Hamburg

www.vsa-verlag.de

www.wolfgang-hien.de

Titelgrafik: Erno Vorpahl
Druck- und Buchbindearbeiten: Fuldaer Verlagsanstalt
ISBN 978-3-89965-268-0

Inhalt

Vorwort zur zweiten Vulkan-Studie

Im Vorwort der ersten Studie zur gesundheitlichen Situation der ehemaligen Vulkanesen »Am Ende ein neuer Anfang? – Arbeit, Gesundheit und Leben der Werftarbeiter des Bremer Vulkan«,[1] die im Jahr 2002 erschienen ist, haben wir das Ende des Bremer Vulkan und den Anfang des Engagements des Vereins »Arbeit und Zukunft« beschrieben, zu dem die erste Studie und die hier vorliegende Nachfolgeuntersuchung gehören:

I.

»Als am 15. August 1997 die Vulkan-Werft in Bremen-Nord ihre Tore endgültig schloss, war die größte Aufregung schon vorbei. Vorbei war die Zeit, als Zehntausende von ›Buten und Binnen‹-Bremern durch die Straßen von Bremen-Vegesack zogen und ihre Solidarität mit den betroffenen Arbeitnehmern bekundeten, vorbei die Zeit, als vor dem Werkstor ältere Frauen Kuchen und Kaffee ablieferten, vorbei die Zeit, als Gruppen von Kindern aus nord-bremischen Kindertagesheimen Bilder ihrer gemalten Ängste um die Zukunft ihrer Familien zum Tor brachten, als die Profis von Werder Bremen ihre Aufwartung machten und der Schlagersänger Gunter Gabriel ein Solidaritätskonzert am Lobbendorfer Tor gab. Es fand auf der gleichen Bühne statt, auf der kurz davor ein Solidaritätsgottesdienst der benachbarten Kirchengemeinden seine Kanzel fand und kirchliche Posaunenchöre spielten.

Das alles geschah am oder im Vorfeld des 1. Mai 1996, dem Tag des Konkurses der VULKAN AG, der nicht nur, aber in erster Linie das Stamm-Werk in Bremen-Nord mit seinen knapp 2000 Beschäftigten betraf. In diesem Zeitraum war die regionale Aufregung groß: ›Wenn der Vulkan baden geht, geht auch Bremen unter‹, hatte die örtliche IG Metall ihr Plakat beschriftet, das den Bremer Dom zeigte, der schon halb im Wasser versunken war.

16 Monate später, am 15. August 1997, war die Bremer Region nicht in den Fluten versunken, das öffentliche Interesse aber war schon merklich abgeflaut. Untergegangen war ›nur‹ die letzte Großwerft Bremens. Damit aber auch die berufliche Heimat vieler Tausender ›Vulkanesen‹,

[1] Hien u.a. 2002.

nicht nur derjenigen Männer (viele) und Frauen (wenige), die bis zum Schluss hier ihren Broterwerb gefunden hatten. Untergegangen war ebenso die Heimat derer, die schon länger oder kürzer in Rente waren. Es waren gerade auch ehemalige Vulkanesen, die sich an diesem Tag vor dem Haupt-Werkstor um zwölf Uhr mittags versammelten. Um fünf nach zwölf Uhr schlossen sich die Tore für immer und es begann eine kleine ›Trauerfeier‹, veranstaltet vom Ökumenischen Runden Tisch ›Vulkansolidarität‹, zu dem sich Vertreter evangelischer und katholischer Gemeinden, der Caritas und des Kirchlichen Dienstes in der Arbeitswelt zusammengeschlossen hatten, und der eineinhalb Jahre lang mit drei BetriebsrätInnen des Vulkan (Karla Krenz, Rolf Gerstmeyer und Klaus Prange) versucht hatte, die betroffenen Arbeitnehmer und ihre Familien zu begleiten und zu unterstützen. Diese Zusammenarbeit setzte sich in dem dann vom Kirchlichen Dienst in der Arbeitswelt initiierten Verein ›Arbeit und Zukunft‹ fort, ein Verein, der sein Wirkungsfeld allerdings in der ganzen Stadt hat. (...)

Das zentrale Symbol jener ›Trauerfeier‹ war nämlich ein Fragezeichen. Es stand nicht nur für die Frage nach den Ursachen und den Schuldigen für den Zusammenbruch dieser Großwerft, sondern vor allem für die Frage: Was passiert mit betroffenen Arbeitnehmern und ihren Familien, in der Werft selbst ebenso wie in den Zulieferbetrieben? Wie wird ihre Zukunft aussehen? Was passiert nicht zuletzt mit den älteren und ausländischen Facharbeitern? Was bleibt von den vollmundigen Versprechen, die Politiker aller Couleur natürlich auch in diesem Fall abgegeben hatten?

Das Fragezeichen stand also für das Versprechen: Wir werden die Betroffenen nicht allein lassen, sondern nachfragen und keine Ruhe geben. So war es das Versprechen, auch dann noch da zu sein, wenn Arbeitslosigkeit die Betroffenen isoliert und individualisiert hat. Es gehört ja heute zu den eigentümlichen Erfahrungen jedes Kollektives, dessen Arbeitsplätze bedroht sind, so lange mit umfassenden Solidaritätsbezeugungen überschüttet zu werden, solange die Drohung noch keine Realität ist. Kaum ist das aber der Fall, werden auch sie mit dem allgegenwärtigen Lied der faulen Arbeitslosen und der ach so bequemen sozialen Hängematte überzogen. Ein cantus firmus, der die Opfer gesellschaftlicher Umbrüche – erfahren als individueller Bruch in der Biografie –, zum zweiten Mal beschämt, ja verhöhnt. (...)

Die jetzt vorliegende Studie gehört also zu dem Versuch, diese Versprechen einzulösen, obwohl wir damals die Untersuchung mit ihren spezifischen Fragestellungen noch gar nicht im Blick hatten. Unmittelbar im Anschluss an die beschriebene ›Trauerfeier‹ sprach mich der ehemalige Betriebsrat und Arbeitsschutz-Fachmann der Werft, Rolf Spalek, an und fragte, ob ich mir vorstellen könnte, ein Forschungs- und Beratungsprojekt zur Sicherung und Auswertung der Gesundheitsakten des Bremer Vulkan gemeinsam mit der IG Metall und der Universität Bremen zu starten. Der Verein ›Arbeit und Zukunft‹, den ich vertrat, fühlte und fühlt sich in besonderer Weise an das Versprechen gebunden, von dem die Rede war. Gemeinsam mit einem weiteren Partner, dem Verein ›Wir Vulkanesen‹, der sich um den Solidaritätsfonds der Werftarbeiter gegründet hat, konnte dieses Projekt mehr als ein Jahr später seine Arbeit aufnehmen. Dafür gab es zwei Voraussetzungen: Zum einen gelang es, nach langen Verhandlungen zu einem Vertrag zwischen dem Konkursverwalter des Vulkan und dem Verein Arbeit und Zukunft zu kommen, durch den dem Verein die Gesundheitsakten der Werft treuhänderisch übergeben werden konnten. Zum anderen erklärte sich die gewerkschaftliche Hans-Böckler-Stiftung in Düsseldorf bereit, einen Großteil der Projektfinanzierung zu übernehmen.«

II.

So also begann das Engagement des Vereins Arbeit und Zukunft für die Berufskrankheiten-Angelegenheiten der ehemaligen Vulkanesen. Es war und ist nicht nur ein Forschungsprojekt, sondern in erster Linie ein praktisches Beratungsprojekt: Seit dem September 2001 unterhält der Verein Arbeit und Zukunft im ehemaligen Betriebsratsgebäude der Vulkan-Werft die »Beratungsstelle für Berufskrankheitsangelegenheiten ehemaliger Vulkanesen u.a.«. Rolf Spalek berät dort seine ehemaligen Kollegen, aber auch Arbeitnehmer anderer Industriebetriebe in Berufskrankheitsangelegenheiten, nicht zuletzt bei den schwierigen Anerkennungsverfahren.

Er setzt damit eine Tätigkeit fort, die er zuerst ehrenamtlich in der Beratungsstelle »Arbeit und Zukunft für Bremen Nord« Ende 1997 begonnen hatte. Diese Beratungsstelle war der erste Ansatz des Vereins, eine Antwort auf die zugespitzte Arbeitsmarktsituation in Bremen-Nord zu geben. Sie konnte am 1. Mai 1997 – genau ein Jahr nach dem Vulkan-Konkurs – an zentraler Stelle in Bremen-Nord eröffnet werden und richtet sich mit ihrer umfassenden Sozialberatung an alle Arbeitslosen und SozialhilfeempfängerInnen dieser Region. Die Beratungsstelle für Berufserkrankte im alten Betriebsratsgebäude existiert bis heute, jetzt allerdings wieder auf ehrenamtlicher Basis, nachdem Rolf Spalek verrentet worden ist. Wir konnten zwar die Unterstützung des Senators für Arbeit und des örtlichen IGM-Vorsitzenden gewinnen, aber eine dauerhafte Finanzierung für die Beratung von Mitarbeitern

»untergegangener« Betriebe in ihren Berufskrankheitenfragen gibt es weiterhin nicht.

Als sich der Konkurs des Vulkan 2006 zum zehnten Mal jährte, überlegten der Vorstand des Vereins Arbeit und Zukunft zusammen mit Wolfgang Hien, der federführend an der ersten Studie beteiligt war, ob es nicht angemessen wäre, zehn Jahre nach der endgültigen Schließung des Bremer Vulkan ein zweites Mal danach zu fragen, wie es mit der Gesundheit und den Perspektiven der ehemaligen Vulkanesen bestellt ist. Die Bremer Stiftung »Die Schwelle« konnte für die Finanzierung gewonnen werden, und so hat der Verein Arbeit und Zukunft im Sommer 2006 Wolfgang Hien beauftragt, eine Nachfolgestudie in Angriff zu nehmen. Noch einmal wollten wir an das Fragezeichen von 1997 erinnern und unsere Versprechen von 1997 in die Tat umsetzen: Wir fragen nach, was aus euch geworden ist.

III.

Diese Studie liegt hiermit vor. Es zeigt sich, dass weiterhin vor allem die Älteren die Leidtragenden des Strukturwandels der Arbeitsgesellschaft sind. Sie werden allein gelassen und ein großer Teil wird krank. Uns bestärkt das, uns weiterhin insbesondere für die Situation der älteren Arbeitslosen einzusetzen, wie es der Verein Arbeit und Zukunft jetzt schon seit zehn Jahren tut. Dazu gehört auch die Kritik an einer Politik, die harte Fakten für ältere Langzeitarbeitslose schafft (Rente mit 67, Hartz IV), ihnen aber keine realen Chancen gibt, sondern nur blumige Versprechen unter der Überschrift »50plus«. Das verarmt die Betroffenen nicht nur, es macht sie – wie man es an dieser Studie wissenschaftlich fundiert sehen kann – regelrecht krank.

Ein Zweites muss hier herausgestellt werden: Wir werden als Verein Arbeit und Zukunft weiter darauf hinweisen, dass es eine langfristig ausgerichtete und finanzierte unabhängige Beratung in Berufskrankheiten-Angelegenheiten geben muss, der auch die nötigen Daten zur Verfügung stehen, insbesondere bei Industriebetrieben, die in Konkurs gehen. Die ehemaligen Vulkanesen stünden seit Jahren ganz alleine da, gäbe es nicht Rolf Spalek, der sich mit riesigem Engagement und hoher Kompetenz für ihre Sache einsetzt. Ihm sei hier noch einmal ausdrücklich im Namen des Vereins Arbeit und Zukunft und – wie wir denken – im Namen aller ehemaliger Vulkanesen und ihrer Angehörigen Dank gesagt.

Danken wollen wir an dieser Stelle auch Wolfgang Hien, dessen inhaltlichem Engagement und wissenschaftlicher Gründlichkeit wir es verdanken, die in den zwei Studien enthaltenen Erkenntnisse über die

Auswirkungen der Werftschließung für die ehemaligen Vulkanesen und deren weitere Entwicklung vorlegen zu können.

Bremen, den 1. Juli 2007

Reinhard Jung und Jürgen Seippel
Vorstandsmitglieder des Vereins Arbeit und Zukunft
und der Stiftung Die Schwelle, Beiträge zur Friedensarbeit
Ingeborg Danielzick und Bernd Korten
Kirchlicher Dienst in der Arbeitswelt
der Bremischen Evangelischen Kirche

1. Einleitung: Warum kam es zu dieser Studie und wie wurde sie durchgeführt?

Es war ein großer Schock für Bremen und insbesondere für die arbeitende Bevölkerung in Bremen-Nord, als die letzte Großwerft Bremens, der Bremer Vulkan, 1996 in Konkurs ging und alle Rettungsversuche fehlschlugen. 1997 schloss der Bremer Vulkan für immer seine Tore. Die Verantwortlichen in Wirtschaft und Politik taten alles, um die »Ära Vulkan« schnell vergessen zu machen. Zurück blieben 2.500 Arbeiter und Angestellte, die in die Arbeitslosigkeit entlassen wurden. Es war eine Zeit der Verzweiflung, der Trauer und der Wut.

Aus dieser Situation heraus versprach der kirchennahe Verein »Arbeit und Zukunft«, der 1997 das Erbe des Ökumenischen Runden Tisches »Vulkansolidarität« antrat und vom Kirchlichen Dienst in der Arbeitswelt der Bremischen Evangelischen Kirche initiiert worden war: »Wir werden die Menschen nicht vergessen! Wir werden nachfragen, was mit den ›Vulkanesen‹ passiert.« Viele Vulkan-Arbeiter, ohnehin durch die jahrelange harte Arbeit gesundheitlich angeschlagen, mussten erleben, wie es mit ihrer Gesundheit noch weiter bergab ging. Der Verein Arbeit und Zukunft setzte sich mit Erfolg dafür ein, dass Akten und Daten über die Arbeitsverhältnisse, über Asbest und andere gefährliche Stoffe und über arbeits- und berufsbedingte Erkrankungen nicht verloren gingen. Auf Initiative und unterstützt von ehemaligen Betriebsräten, gefördert von der Hans-Böckler-Stiftung und getragen von einem Beirat unter Leitung des Vereins Arbeit und Zukunft führten Wissenschaftler der Universität Bremen ein Gesundheitsprojekt durch.

Die Frage war: Wie geht es den ehemaligen Vulkanesen gesundheitlich und wie sieht ihr Leben nach der Werftschließung aus? 1999 wurden eine schriftliche Befragung der letzten Produktionsbelegschaft und im Jahr 2000 zusätzliche offene Interviews mit 40 ehemaligen Werftarbeitern durchgeführt. Die Ergebnisse[2] waren erschreckend: Jeder dritte hatte keine Arbeit, von den über 50-Jährigen war sogar mehr als jeder zweite arbeitslos, der Gesundheitszustand hatte sich nach der Werftschließung dramatisch verschlechtert. Am schlimmsten waren die 50-59-Jährigen betroffen, denn sie waren noch zu jung für

[2] Hien u.a. 2002; Hien/König/Milles 2002; Hien 2005.

die Rente und zu alt und zu krank für die Arbeit. Aus dem qualitativen Teil der damaligen Studie – den Interviews – wurde klar, dass die Werftschließung eine zusätzliche massive psychische Belastung darstellte, die sich auf die schon bestehenden körperlichen Beeinträchtigungen krankheitsverstärkend auswirkte. »Der Vulkan ging den Bach runter, und meine Gesundheit ging auch den Bach runter« – das war eine so typische wie bedrückende Aussage, die uns damals begegnete.

Zehn Jahre nach der Werftschließung war es an der Zeit, erneut zu fragen, was aus den ehemaligen Werftarbeitern des Bremer Vulkan geworden ist.[3] In Kooperation mit dem Bundesverband der Betriebskrankenkassen, der BKK Firmus (Bremen), dem Zentrum für Sozialpolitik der Universität Bremen und dem Forschungsbüro für Arbeit, Gesundheit und Biographie (Bremen), und finanziell gefördert durch die Bremer Stiftung »Die Schwelle«, hat der Verein Arbeit und Zukunft die Trägerschaft für diese Folgebefragung übernommen. Wir wollten wissen, wie es den ehemaligen Vulkanesen heute hinsichtlich Arbeit, Gesundheit und Leben insgesamt geht. Erneut sollten eine schriftliche Befragung von ehemaligen Vulkan-Beschäftigten sowie zusätzliche mündliche Interviews durchgeführt werden. Diese offenen qualitativen Interviews sollten, vertiefend zu den quantitativen Daten, Einblicke in die soziale und gesundheitliche Situation geben, auch um vielleicht bisher nicht gesehene Zusammenhänge oder Hypothesen über solche Zusammenhänge herauszufinden.

Im Dezember 2006 wurden alle 1.375 noch lebenden bei der früheren Vulkan-Betriebskrankenkasse (Vulkan-BKK) Versicherten angeschrieben.[4] Es kam ein relativ kurzer Fragebogen zum Einsatz, der neben soziodemographischen Fragen (Alter, Ausbildung usw.) und gesundheitsbezogenen Fragen – die zu Vergleichszwecken dem Bundesgesundheits-Survey (RKI 1998) entnommen waren – zusätzlich drei psychologische Fragen und die 9-Item-Depressions-Skala von Goldberg[5] enthielt. Die Gesundheitsfragen bezogen sich auf folgende Erkrankungen: anhaltende Rückenschmerzen, Depressionen, Bluthochdruck, Herzerkrankungen, Schlaganfall und Krebserkrankungen. Die psychologischen Fragen zielen auf Einstellungen und Befindlichkeiten.

---

[3] Projekt-Idee und -Design wurden mit Reinhard Jung, Verein Arbeit und Zukunft e.V., und Wolfgang Bödeker, BKK-Bundesverband, Essen, diskutiert und abgestimmt.

[4] Die Fragebogenentwicklung lag bei Wolfgang Hien und Wolfgang Bödeker, der Versand der Fragebögen an die Versicherten der ehemaligen Vulkan-BKK erfolgte durch die BKK Firmus. Für die Kooperation danken wir Frau Horwege und Herrn Michaelis. Die Auswertung oblag Ralph Joussen; die Vergleichsdaten wurden von Uwe Helmert besorgt, der auch die Odds Ratios berechnete.

[5] Goldberg u.a. 1988.

Im Einzelnen geht es darum, ob man in der Arbeit immer einen Sinn gesehen hat, ob man wegen der Arbeit – sei es in einer Beschäftigung oder in der Arbeitslosigkeit – stark unter Druck gestanden hat und ob man mit der derzeitigen beruflichen und sozialen Situation zufrieden ist. Die Goldberg-Skala erlaubt es, zwischen leichten und vorübergehenden Depressionen einerseits und schweren, d.h. behandlungsbedürftigen Depressionen andererseits zu unterscheiden.

Zwischen Dezember 2006 und März 2007 kamen insgesamt 403 Fragebögen zurück; davon waren allerdings 93 unvollständig ausgefüllt, sodass der Rücklauf der vollständigen Fragebögen 22,5% beträgt. Insbesondere für viele der türkischstämmigen Arbeiter blieben der Fragebogen und die gesamte Vorgehensweise teilweise unverständlich.[6] Vor dem Hintergrund der Tatsache, dass es sich nicht um eine Mitarbeiterbefragung einer aktiv tätigen Belegschaft handelte und es keine Erinnerungsschreiben gab, liegt der Rücklauf in etwa auf dem Niveau anderer vergleichbarer Studien. Wichtig ist die Frage, ob beim Rücklauf die frühere Belegschaft annähernd repräsentativ abgebildet wurde. Ein Faktor hierbei ist die Altersverteilung:

Die Altersverteilung im Befragungs-Rücklauf

Alter (Jahre)	Anzahl	Anteil in %	Grundgesamtheit in %[a]
bis 39	46	12,2	13,3
40-49	92	24,3	21,7
50-59	95	25,1	18,2 (sign.)[b]
60-69	128	33,9	31,2
ab 70	5	1,3	15,6 (sign.)[b]
Gesamt	366	100	100

[a] Altersverteilung der Belegschaft im Jahr 1996 plus zehn Jahre; [b] signifikante (= statistisch sichere) Abweichung zwischen Befragungsrücklauf und Grundgesamtheit

Die altersspezifischen Beteiligungsquoten im Rücklauf sind ähnlich derjenigen vor zehn Jahren: Die ab 70-Jährigen sind aus einleuchtenden Gründen im Rücklauf kaum vertreten: Sie befinden sich schon seit einigen Jahren in Rente, d.h. der Vulkan ist insofern für sie schon »weit weg«, und sie sehen wenig Möglichkeiten, in ihrem Alter noch etwas Präventives zu unternehmen.

[6] Der Umstand, dass keine türkischsprachige Fassung des Fragebogens mit ggf. weiteren, für diese Gruppe spezifischen Fragen erstellt werden konnte, ist sehr bedauerlich, dies ließ sich aber aufgrund knapp bemessener Mittel nicht anders handhaben.

Von besonderer Bedeutung ist es, die Altersverteilung des Rücklaufs mit der so genannten Grundgesamtheit zu vergleichen. Die Grundgesamtheit ist in unserem Falle die um zehn Jahre gealterte »Letzt-Belegschaft« des Bremer Vulkan. Hier zeigt sich, dass die Gruppe der 50-59-Jährigen deutlich – statistisch signifikant – überrepräsentiert ist. Die Gründe sind in der schon in der ersten Vulkan-Studie festgestellten besonders schwierigen Übergangssituation zu suchen: Sie sind zu jung für die Rente und zumeist in einem Maße krank, das ihnen die Ausübung einer Arbeit sehr erschwert oder gar verunmöglicht. Auch in der ersten Studie waren die damals 50-59-Jährigen deutlich überrepräsentiert. Anzumerken ist in diesem Zusammenhang, dass die Vulkan-Belegschaft überwiegend männlich war; die knapp 7% Frauen im Befragungs-Rücklauf entsprechen in etwa dem Anteil an der damaligen Gesamtbelegschaft. Auch die Verteilung zwischen den Beschäftigtengruppen – 83% Arbeiter und 17% Angestellte – spiegelt recht genau die damalige Belegschaft wider.

Es kamen 115 Antwortbögen für eine Interviewbereitschaft zurück; 35 davon beruhten allerdings auf sprachlichen und inhaltlichen Missverständnissen, insbesondere dem, dass man sich »bei der Krankenkasse zu melden« habe. Nach der telefonischen Kontaktnahme erklärten sich 65 Befragte zu einem qualitativen Interview bereit.

Wir beschränkten – bedingt durch die Begrenztheit der Mittel und der Zeit – die mündliche Befragung auf folgende Stadtteile in Bremen-Nord: Vegesack und Blumenthal, mit den Ortsteilen Grohn, Schönebeck, Aumund, Farge und Rekum. Das sind diejenigen Stadtteile, die sozialhistorisch mit der Vulkan-Werft aufs Engste verbunden waren. Außerdem wählten wir zehn Personen aus, mit denen wir bereits vor acht Jahren im Rahmen der ersten Vulkan-Studie ein Interview durchgeführt hatten. Diese wohnten überwiegend außerhalb von Bremen-Nord in eher ländlichen Regionen. So kamen insgesamt 35 Personen zusammen – 30 Männer und fünf Ehefrauen – mit denen wir[7] ein Interview in einer Länge zwischen 20 und 120 Minuten – im Schnitt waren es ca. 60 Minuten – führen konnten. Unter den mündlich Befragten waren die 50-59-Jährigen mit 40% überrepräsentiert und in dieser Altersgruppe waren wiederum die Erwerbsminderungsrentner mit knapp 60% – gegenüber 13% im gesamten Befragungsrücklauf – deutlich überrepräsentiert. Es war daher zu erwarten, dass wir über die Situation dieser von chronischer Krankheit in hohem Maße betrof-

[7] Das InterviewerInnen-Team bestand aus Wolfgang Hien, Rolf Spalek und Gudrun Funk.

fenen Gruppe besonders viel erfahren würden. Von den 30 männlichen Interviewten waren zehn in Erwerbsminderungsrente, acht hatten eine feste Arbeit, vier waren arbeitslos, sechs waren im vorgezogenen und zwei im »normalen« Altersruhestand.

Was sind qualitative Interviews? Interviewtechnisch handelt es sich um offene narrative – d.h. erzählende – Interviews,[8] die hinsichtlich derjenigen Daten, die man quantitativ abfragen kann, nicht den Anspruch einer Repräsentativität erheben. Statt dessen geht es bei narrativen Interviews darum, Einblicke in Arbeits- und Lebensverhältnisse zu bekommen, die für die Untersuchungsgruppe typisch sind.[9] Darüber hinaus möchte man etwas von den persönlichen Erlebnis- und Bewältigungsweisen und von den persönlichen Orientierungen der Betroffenen erfahren. Der biographische Blickwinkel ist hierbei von besonderem Interesse.[10] Zu erhoffen sind auch Rückschlüsse auf Faktoren, die sich verbessernd oder verschlimmernd auf den Verlauf von Erkrankungen auswirken, im besten Fall natürlich Gesunderhaltung oder Wiedergenesung erreichen. Die inhaltsanalytische Auswertung[11] hat zum Ziel, das Erzählte anhand zentraler Fragen zu strukturieren, zentrale Aussagen – Kernaussagen – herauszufiltern und in einen Zusammenhang mit der berichteten Lebenssituation zu bringen. Die Interviewausschnitte werden originalgetreu zitiert, um auch dem Leser und der Leserin einen Eindruck von der Erlebnisebene zu geben, derer sich die berichtende Person erinnert. Die Betroffenen sollen selbst zur Sprache kommen. Die Erläuterungen der zitierten Interviewausschnitte bleiben in der vorliegenden Studie bewusst auf der Sinn-Ebene des Erzählten bzw. der Erzählenden.

Die Interviews wurden komplett transkribiert[12] und inhaltsanalytisch ausgewertet. Die thematische Strukturierung der Aussagen erfolgte entlang der Kategorien Arbeit, Arbeitslosigkeit, Gesundheitszustand, Erwerbsminderung sowie persönliche Situation einschließlich Befindlichkeit, Belastungs-Bewältigung und biographischer Orientierung. Die zuletzt genannte Thematik gab Anlass, einzelne Sequenzen hermeneutisch[13] auszuwerten. Es ergaben sich in der groben Typisierung drei Erlebnis-, Bewältigungs- und Orientierungsweisen, die als Reak-

---

[8] Neumann 1984; Mayring 1990: 50ff.; Flick 1996: 116ff.
[9] Flick 1996: insbes. 82.
[10] Kuhn/Göbel/Busch 2005; Müller 2005.
[11] Zur Methode: Mayring 1990: 85-90.
[12] Die Transkription wurde von Renate von Schilling durchgeführt.
[13] Hermeneutik ist die »Lehre vom Verstehen«. Hier wird hinter der offenen nach einer verborgenen Sinn-Ebene gesucht (vgl. dazu: Neumann 1984). Es wurden Interpretationsgruppen gebildet, an denen – neben den Interviewern – Enno Neumann, Thomas

tionsweisen auf die objektiv vorhandenen gesundheitlichen, sozialen und psychischen Belastungen gesehen werden müssen. Methodisch verzahnen sich in der vorliegenden Studie quantitative und qualitative Daten mit dem Ziel, zu tieferen Einsichten und neuen Hypothesen zu kommen. Mit Hilfe dieses Projekts wurde die einmalige Chance genutzt, dem Schicksal einer früheren Belegschaft und deren sozialer und gesundheitlicher Situation – noch zehn Jahre nach dem kollektiven Arbeitsplatzverlust – weiter nachgehen zu können. Damit werden vier Ziele verfolgt:

a) Fehler im Arbeits- und Gesundheitsschutz und in massiv schädigenden Arbeitsabläufen für andere, heutige Arbeitsbereiche nicht zu wiederholen,

b) vor dem Hintergrund einer untergehenden Industriekultur einen Beitrag zur Fortschreibung der Arbeits- und Sozialforschung auf diesem Gebiet zu leisten,

c) damit zugleich einen sozialpolitischen Beitrag gegen das politisch und medial geprägte offizielle Vergessen des Vulkan-Niedergangs zu liefern und

d) den konkret Betroffenen die Möglichkeit zu verschaffen, ihren positiven wie negativen Erfahrungen – auch über ihren privaten Rahmen hinaus – eine Stimme zu geben.

In unserer heutigen, von globalen Märkten und Flexibilität geprägten Zeit gehen Traditionen schnell verloren.[14] Natürlich sollte man Traditionen auch kritisch sehen, und manchmal hängen viele »alte Zöpfe« daran, von denen man sich auch trennen kann und sollte. Und manche Traditionen haben auch Menschen zeitlebens in bestimmte Rollen eingezwängt, in denen sie gar nicht sein wollten. Doch mit ihrem Verlust gehen auch soziale Zusammenhänge verloren, in denen man sich aufgehoben fühlte. Das Rad der Geschichte lässt sich zwar nicht aufhalten, es ist jedoch möglich, wenigstens die Erinnerung wach zu halten. Nicht aus Nostalgie, sondern aus dem Grund, sich der Möglichkeit des Zusammenhalts und der gegenseitigen Unterstützung zu erinnern, die wir als Menschen nach wie vor brauchen, ohne die niemand wirklich leben kann, die wir immer wieder neu aufbauen müssen. Mit diesem Projekt wollten wir einen Beitrag dazu leisten, dass diese Erinnerung nicht verloren geht.

Schulz, Andrea Klinz, Renate von Schilling und eine Gruppe der Blauen Karawane e.V. (Ansprechperson: Wolfgang Meier) teilnahmen. Ihnen allen sei gedankt.

[14] Beck 1986; Beck/Giddens/Lash 1996

2. Der Vulkan in der Erinnerung der Befragten und die schwierige Folgezeit

»Es war eine gute Zeit, aber es war Knüppelarbeit«

Die Unterschiede in der Erinnerung sind erstaunlich: Diejenigen, die eine neue Arbeit gefunden haben, noch in Arbeit stehen oder nach einer mehrjährigen Arbeit bei einer Firma in die Altersrente gegangen sind, erwähnen Vulkan eher am Rande. Selbst auf Nachfrage bekommt man hier eine Antwort nach dem Motto: »Das ist alles lange her, das ist vorbei, es gibt auch eine Welt nach dem Vulkan.«

Ganz anders die krankheitsbedingt Arbeitslosen und Erwerbsgeminderten: Bei ihnen ist oftmals »der Vulkan« noch sehr lebendig, sie schildern die damalige Arbeit und die körperlichen und zuweilen auch seelischen Belastungen in allen Einzelheiten, nicht selten gemischt mit Gefühlen der Melancholie. Bei praktisch allen Befragten wird die Vulkan-Zeit als »eine schöne Zeit« oder gar als »tolle Zeit« bezeichnet; zugleich – und oft im gleichen Atemzug – wird aber zu bedenken gegeben, dass die Arbeit äußert hart war, zuweilen »ein hartes und schweres Los«, manchmal auch »richtig schlimm« gewesen sei. Ein Arbeiter, der – wie viele der ehemaligen Vulkanesen – als junger Mann zur See gefahren war, schildert eine Situation, in der er sich an Vulkan erinnert. Er berichtet unumwunden von den damit verbundenen Gefühlen:

»Wenn wir denn da so gesessen haben, und die Dampfer, die sind da vorbei gefahren, und denn ham' se mal getutet, da muss ich ganz ehrlich sagen, da kamen dir die Tränen, da kam die Erinnerung von früher wieder, weil, die Arbeit, die hat einem Spaß gemacht, sonst wär' man ja auch nicht so lange auf'm Vulkan geblieben, und das zehrt heute noch, und ich muss da auch ganz ehrlich sagen: Das Weinerische, das hab ich seither nie verloren, seit ich vom Vulkan weg bin, da ist irgendwie was, dass irgendwie was passiert oder 'n Unfall oder sonst irgendwie was, da kommen mir sofort die Tränen, muss ich weinen und ..., hab ich früher nie gehabt, hab ich nie gehabt, aber seit ich da vom Vulkan weg bin, es ist das ...« (8/5)

Dass gestandene Arbeiter vom Weinen »übermannt« werden, wenn sie an Vulkan denken, war keine Ausnahme. Immer wieder wurde uns von dieser Traurigkeit und dieser Wehmut berichtet. Doch dieses

»Zehren« hat eine vielschichtige Bedeutung: Es ist ein Sich-Verzehren nach den Schiffen und ein sehnsuchtsvolles Erinnern an das Kollektiv, in dem man seinen Platz und seine Anerkennung hatte. Das »Zehren« hat freilich auch eine zweite, eine dahinter liegende Bedeutung: Die Arbeit »beim Vulkan« war alles andere als gesundheitsschonend. Sie war hart in jeder Hinsicht, und die Folgen kommen heute, auch Jahre nach dem Vulkan-Ende, oftmals erst richtig zum Vorschein. Auch der hier Erzählende hält mit diesen Erfahrungen nicht zurück. Wie praktisch alle Interviewpartner stellt er die oftmals extremen Belastungen durch schweres Heben und Tragen, durch Hitze und Kälte, durch Schweiß- und Brennrauche sowie durch massive Überstundenarbeit deutlich heraus. Die immer wieder – auch von den Betroffenen sich selbst gegenüber – gestellte Frage, warum man sich nicht besser geschützt und Hilfsmittel wie z.B. Kräne oder Absaugungen benutzt hat, wird mit dem sozialen Druck auf der Werft beantwortet, aber auch mit der eigenen Haltung, das Geldverdienen vor seine Gesundheit gestellt zu haben. Der gleiche Arbeiter erzählt später:

»Also muss ich ehrlich sagen, das ist viel viel – ist 'n blödes Wort, aber ich sag jetzt mal – Knüppelarbeit gewesen, auch an Bord, wenn wir an Bord die Geschirre, Kisten ... Du hast ja manchmal auch kein Kran gekriegt, kurz vor der Probefahrt. Dann hieß es ›Alles an Bord schleppen‹. So, dann hast du die Sachen an Bord geschleppt, und wenn du nicht gut gearbeitet hast, dann bist de das nächste Mal nicht dabei gewesen, und wir wollten Geld verdienen, weil wir ja Überstunden machen konnten. (...) So ein Teil hat ungefähr 50, 60 Kilo bestimmt gehabt, das konntest du gerade so schleppen. Und wenn wir jetzt das verteilen mussten, dann mussten wir durch de Mannlöcher durch, ... und denn musstest du durch die Luken durch und musstest das alles dahin bringen und aufhängen, und nun hab mal das große Ding und versuch mal, da durch die Luke durch ..., also das war ganz schön ..., da ha'm wir uns oft die Finger gequetscht und alles, so ist das gewesen. (...) Meckern? Was hat der Meister gesagt? ›Sieh zu, da draußen, da steh'n noch andere, die machen das‹. Folglich, du wolltest ja auch da bleiben und wolltest ja auch Geld verdienen ...« (8/15-17)

Ungeschminkt wird hier der Alltag geschildert, wie er tatsächlich gewesen ist. Dies blieb keine Ausnahme: Praktisch alle Interviewten bestätigten diese Darstellung, manchmal bis in die Einzelheiten hinein, manchmal nur in Andeutungen. Auch wenn für die besonders belastenden Überstunden nicht nur die Werftleitung oder die Führungskräfte allein, sondern auch die Belegschaft und jeder Einzelne Verantwortung trug: Daran, dass die Werftarbeit extrem gesundheitsgefährdend war, ändert dies wenig. Darauf wiesen uns auch diejenigen Interviewpartner hin, die nicht unbedingt jede Überstunde »mitnahmen«:

»Es war wohl zu viel, die Jahre, die Jahrzehnte, darf man ja nicht vergessen, und die Kälte, die nimmt ja ..., deswegen ist der Körper ja auch immer abends geschwächt gewesen, und wenn man nur vier, fünf Stunden 'n büschen ordentlich was gemacht hat ..., aber der Körper war fertig schon durch die Kälte, ausgedorrt, dieses kein Warm, du wirst nicht warm, vorne wirst du warm und hinten eiskalt. Das ist ja beim Schweißer so, das ist ein Beruf, wo vorne die Wärme ist, und hinten ist immer die Kälte, ... Fünf Grad unter Null da den ganzen Tach und huh, die Hallen, die haben ja auch denn zwei unter Null oder ein Grad dann, darf man nicht vergessen. Die Sektionen kommen rein mit so 'ner Eisschicht, und die Flamme rein, und dann wird abgeschlagen, dat muss fertig werden, und das Eisen, das zieht denn, das zieht überall durch, aber wie verrückt. (...) Ja, und so hab ich jetzt Schmerzen in den ganzen Knochen, das hört nicht mehr auf.« (14/13-14)

Die folgende Schilderung stammt von einem Arbeiter, der seit zehn Jahren einen festen Arbeitsplatz außerhalb der Werftindustrie hat. Er sagt von sich, dass er gerne auf der Werft gearbeitet hat; er macht keinen Hehl daraus, dass er das gute Klima zwischen den Kollegen auf dem Vulkan heute sehr vermisst. Dennoch erinnert er an die für ihn – aus heute Sicht – fast unglaublichen Zustände:

»Die Art, wie da gearbeitet wurde, das kann man sich gar nicht vorstellen. Der Lärm da, und die Hitze im Sommer, das Eisen, was sich da aufgeheizt hat, und der Staub. Ich hab' manchmal gedacht: ›Wie halten die das aus? Wie schaffen die das?‹ Also wirklich, die Leute, die sind ... durch die Böden, durch die engen Luken durch mit Pumpen und Schläuchen und Brennern hinterher, und dann ha'm die da drinne gearbeitet. Da hab' ich gedacht, ich weiß nicht, ›die werden alle nicht mehr alt‹, du, die werden nicht mehr alt, das ist so'ne Belastung. (...) Also, ich hab immer 'ne Staubmaske getragen beim Schweißen in den engen Räumen, und die konnt' ich nach 'ner Stunde wegschmeißen, so viel Staub hat sich da angesammelt. (...) Man kann genügend Lüfter überall reinstellen, aber die sind auch nicht überall. Ja, das geht auch nicht. Die Gegebenheiten sind einfach nicht so. Also Werftarbeit ist ein Knochenjob, das wird auch immer so bleiben im Prinzip.« (20/14f.)

Die Interviews sind voll von solchen Schilderungen. Manche sagen, dass sie heute nicht mehr verstehen, wie man eine solch belastende Arbeit so viele Jahre überhaupt habe aushalten können. Obwohl es völlig verständlich ist, dass man im Nachhinein die vielen Jahre auf dem Vulkan ganz persönlich nicht als Fehlentscheidung ansehen will und kann, sind die Schilderungen der Befragten alles andere als Schönfärberei. Im Gegenteil, sie sind überaus realistisch. Was Karl Marx in seinem Hauptwerk »Das Kapital« schon vor mehr als 130 Jahren beschrieb, gilt augenscheinlich auch heute noch: Arbeit führt unter den herrschenden ökonomischen Bedingungen – die heute durch die Globalisierung so recht eigentlich erst zur vollen Ausformung kommen – zur rücksichtslosen Vernutzung von Körper und Geist, zur Verletzung der Sinne durch Stäube und Lärm, »zum systematischen Raub an den Lebensbedingungen des Arbeiters während der Arbeit, an Raum, Luft. Licht und an persönlichen Schutzmitteln wider lebensgefährliche oder gesundheitswidrige Umstände des Produktionsprozesses«.[15]

Die Beschreibungen der Arbeit an den mächtigen Schiffskörpern, die riesigen Kräfte, die bewegt wurden, und der – wie ein Arbeiter uns rückblickend sagt – »ganz und gar wahnsinnige« Lärm lassen vor unseren Augen ein Bild von der Werftarbeit entstehen, das Bewunderung, Erstaunen, aber auch ein Erschauern hervorruft: ein riesenhafter Körper aus Stahl mit darin eingewobenen Menschen aus Fleisch und Blut, die jenen Stahl-Körper mit Leben erfüllen, aber die darin zugleich ein Stück ihres Lebens zurücklassen. Arbeit: »ein Kampf im technischen Raum«, wie der konservative Schriftsteller Ernst Jünger[16] – so erschreckend wie zutreffend – einmal sagte; dieser Kampf sei gleichsam die Fortsetzung des Krieges im Raum der Technik, die Arbeiter seien die Helden, die alles geben, unter höchstem Risiko. So war es denn auch; und bis in die 1960er und 1970er Jahre gab es auf dem Vulkan mehr oder weniger mit jedem Schiff einen Unfalltoten. Für die Arbeiter galt jeden Tag aufs Neue das Motto: »Eine Hand fürs Leben, eine Hand fürs Schiff.«

Auch wenn die schweren Unfälle danach deutlich zurückgingen: Mittlere und kleinere Unfälle wie z.B. Quetschungen, Verstauchungen, kleine Brüche usw. blieben an der Tagesordnung. Man nahm diese Unfälle aber oft genug nicht sehr ernst, auch deshalb nicht, »weil man ja nicht immer dann zu Hause bleiben wollte und zum Arzt rennen wollte«. Ein Interviewpartner sagte zu uns, man habe »die Sachen«, d.h. die Verletzungen und die sich abzeichnenden körperlichen Beeinträchtigungen, »viel zu lange schluren lassen«. Ein wichtiger Grund war auch, dass man die Kollegen »nicht hängen lassen wollte«. Es gab über viele Jahre ein ungeheuer starkes Gemeinschaftsgefühl und die Sicherheit, dass man selbst auch »mitgetragen« werden würde, wenn Gesundheit und Leistungsfähigkeit gerade nicht so gut sind. Doch in den letzten Jahren

---

[15] Marx 1872/2004: 383.
[16] Jünger 1932/1982; dazu auch: Wege 2002.

vor dem Vulkan-Ende gab es auch in der Kollektivität und Solidarität massive Einbrüche, zum einen wegen neuer Management-Konzepte und Rationalisierungsbemühungen, zum anderen, weil neue und jüngere Führungskräfte eingesetzt wurden, die wenig Rücksicht auf die gewachsenen Strukturen der Vulkan-Belegschaft nahmen.

»Es gab Höhen und Tiefen auch mit den Arbeitskollegen, es gab Auseinandersetzungen. Natürlich gab's Auseinandersetzungen, aber das war ..., das gehörte ja dazu, das war ja die Hierarchie, man musste ja seinen Platz da behaupten, das ist ja auch normal gewesen. Bloß, was auf'm Vulkan zeitweise wirklich mir nicht gefallen hat, war die Auseinandersetzung mit den Vorgesetzten. Einige Vorgesetzte haben ihre Macht so ausgenutzt und ha'm die Leute so tyrannisiert, dass die total am Ende waren. Einige wollten nicht mehr zur Arbeit kommen, die waren total fertig. Zwei Fälle weiß ich sogar, die sich das Leben genommen haben. Zwei Leute, die haben sie richtig fertig gemacht, und einige sind dabei auch auf's Saufen gekommen. Die haben angefangen zu saufen, so richtig. So 'ne Sachen gab's da auch, auf'm Vulkan.« (5/24-25)

Es ist nicht alles Gold, was glänzt, und es ist erstaunlich, mit welch realistischem Blick auch diejenigen, die »irgendwie« an der Vulkan-Vergangenheit »hängen«, durchaus die negativen Seiten sehen und thematisieren. Manch selbstkritischer Ton ist nicht zu überhören, seien es nun die »Alkoholexzesse« oder seien es die »Überstundenexzesse« gewesen.

Beides tat der eigenen Gesundheit nicht gut. Auch das Ende selbst – die Art und Weise der Abwicklung und der Übernahme von Maschinen und Anlagen durch andere Firmen – wird von manchen Befragten sehr nachdenklich gesehen. Wer im Auftrag einer neuen Firma auf dem Vulkan-Gelände mit Derartigem befasst war, musste sich »Leichenfledderei« vorwerfen lassen. So etwas nagt, auch wenn kein Arbeiter an den übergeordneten Prozessen etwas ändern konnte.

»Man wollte es nicht glauben« – das Ende und die schwierige Zeit danach

Das Vulkan-Ende wurde von vielen Beschäftigte gleichsam als eine persönliche wie eine soziale Katastrophe erlebt. Da brach etwas zusammen, was kaum jemand für möglich gehalten hatte. Da taten sich Abgründe auf, die einem große Angst machten. Selbst wenn heute einige der Interviewpartner sagen, das Ende sei vorauszusehen gewesen – »das konnte ja nicht ewig so weitergehen« –, so schimmert in ihren Schilderungen doch immer wieder die Fassungslosigkeit durch, von der im Grunde damals niemand verschont blieb. Beispielhaft seien Sequenzen aus einem Interview zitiert, bei welchem auch die Ehefrau des ehemaligen Vulkan-Beschäftigten mit am Tisch saß:

»Am Anfang, muss ich sagen, da hab ich das gar nicht geglaubt, da hab ich das gar nicht geglaubt, da kam der Chef an und sagte, der Vulkan ist in Konkurs gegangen. Das haben wir gar nicht geglaubt, und dann ging's ja erst mal 'n bisschen weiter und dann ..., ja dann kam das, wie ich dann zuhause war. Da war ich erst mal runter. Dann kamen die ganz großen finanziellen Einbußen (...). Jetzt kann ich meiner Frau keinen Urlaub mehr bieten, und den hat sie so dringend nötig, mit ihrer schweren Krankheit und dem seelischen Befinden und alles. Das war eigentlich der Tiefschlag da dran. Ich hab mich dann – ein Jahr oder länger? – so richtig verkrochen, in meinen Garten oder in'n Keller oder so was.« (23M/17-19)

Die Ehefrau dieses ehemaligen Vulkanesen ergänzte diese Schilderung aus ihrer Sicht:

»Es war so schwer zu sehen, wie mein Mann ..., der konnt' das überhaupt nicht begreifen, der konnte überhaupt nicht damit fertig werden. Er konnte nicht begreifen, dass er von heut' auf morgen nach Hause geschickt wurde. (...) Ich war lange in psychosomatischer Behandlung. Man kriegt da eine ganz andere Sicht der Dinge dann. Also, ich bin nach wie vor der Meinung, ich hab mich sehr viel mit diesen Sachen auseinandergesetzt, aber ich denke, dass das auch dazu beigetragen hat. Diese Krise, das ging ja schon länger und dann dieses Abrupte und ..., aber ich hab mich sehr viel mit meiner Krankheit auseinandergesetzt, und es hat schon, denke ich, Einfluss darauf gehabt. (...) Man ist ja einfach durch diesen ganzen Schock psychisch so schlapp und so schlecht drauf, und dann hat natürlich 'ne Krankheit sofort 'ne Angriffsfläche. Das geht ruckzuck. Wir haben beide lange gebraucht, um mit der Arbeitslosigkeit fertig zu werden. Man hat sein ganzes Leben anders geplant gehabt.« (23F/19-24)

Die Erfahrungen mit der Agentur für Arbeit in Bremen-Nord können nach den Schilderungen ausnahmslos aller ehemaligen Vulkanesen nicht anders als katastrophal bezeichnet werden. Keiner der Interviewten fühlte sich in irgendeiner Weise angemessen behandelt. Entweder sagte man gleich: »Für Sie haben wir nichts und bekommen auch nichts.« Sie waren zu alt oder gesundheitlich zu eingeschränkt. Oder man versuchte sie in meist weit abgelegene Betriebe ohne Tarifbindung zu schicken, bis zu 100 Kilometer entfernt, mit Stundenlöhnen, die nicht einmal zur Deckung der Fixkosten ausgereicht hätten. Wer gesundheitlich noch in der Lage war, als Automobilarbeiter oder als Schiffbauer, Schlosser, Dreher, Maler – oder aber, wie in einem Fall, auf einem Schrottplatz – zu arbeiten, der suchte sich selbst und meist über ein persönliches Vorsprechen eine Arbeit. Die einzigen Vermittlungserfolge der Arbeitsagentur, die uns berichtet wurden, bezogen sich auf Zeitarbeitsfirmen, von denen es alleine für die Werftindustrie im Bremer Wirtschaftsraum gute zwei Dutzend gibt. Die Erfahrungen mit Verleiharbeit wurden uns als zwiespältig und eher hart geschildert:

»Das ist einfach so, wie soll ich sagen, weil jetzt irgendwo mehr Arbeit anfällt, wird man ja dann dahin verliehen, sag ich mal, und die anderen, die da fest sind, sind einfach so'n büschen abneigend so, ist ja klar. Na ja, und man ist ja dauernd woanders, auf Abruf. Auch mit ganz komischen Einsatzzeiten, von nachmittags bis drei Uhr nachts und so. (...) Na ja, ich hab mich dran gewöhnt. Man muss ja auch, wie sagt man, flexibel sein. Man muss sich anpassen. Na ja, man bleibt schon ein paar Monate halt immer. Kann auch sein ..., also ich bin auch schon jahrelang geblieben, also, in einer Firma. Zwei Jahre da, ein Jahr da, ein Jahr bei Lürssen, ein Jahr bei Fassmer, ein Jahr bei Hegemann, also, ich war ja überall, auf jeder Werft, Meyer Werft, Papenburg. Aber du bleibst da irgendwie ein Fremder. (...) Ja, Vulkan, das war so ..., man hat sich da irgendwie so geborgen gefühlt, das war so, weiß nicht, man kannte jeden, das war einfach, man wusste, wo man hin muss irgendwie, wenn man was braucht, wo man da hingehen kann, man kannte sich aus. So ist es ja immer wieder neu, egal, wo man hinkommt, wo ist das, wo ist dies, wo muss man da hin und was, wo, und das ist immer wieder neu, immer wieder, ja, so ist das halt.« (19/5-13)

Manche schafften es, von einer der genannten Firmen nach einiger Zeit übernommen zu werden. Doch es war für viele eine sehr unübersichtliche und persönlich harte Zeit – für manche, wie das Zitat zeigt, dauert diese Zeit auch heute noch an – mit vielen Wechseln zwischen Verleiharbeit, Arbeitslosigkeit und neuen Arbeitsversuchen. Manche Interviewpartner berichten von unzumutbaren technischen und organisatorischen Verhältnissen in diesen kleineren Werften und von ihren andauernden – und teilweise erfolgreichen – Versuchen, den Standard dort zu verbessern.

So gab es für viele Arbeitsschritte keine Hilfsmittel wie z.B. Absaugung, keine Schutzausrüstungen, ungenügendes technisches Material und vieles mehr. In manchen Schilderungen kommt ein hohes Selbstbewusstsein hinsichtlich der fachlichen Kenntnisse und Erfahrungen zum Vorschein, das den Betroffenen über schwere Zeiten hinweggeholfen hat. Am günstigsten war es, wenn die ehemaligen Vulkanesen gute

Qualifikationen in möglichst mehreren Richtungen nachweisen bzw. auch in der Praxis vorzeigen konnten. So war es von Vorteil, möglichst viele Schweißer-Fachprüfungen zu haben, nach Zeichnungen arbeiten zu können, eine Zusatzprüfung als Kranfahrer oder Ähnliches vorweisen zu können oder über Kenntnisse im Schmieden und anderen Metallbearbeitungsverfahren zu verfügen. Je vielseitiger jemand einsetzbar war, desto größer waren seine Chancen, eine feste Stelle zu bekommen. Doch das nutzte beileibe nicht immer etwas. Bei vielen machte eindeutig die allmählich oder auch rapide schlechter werdende Gesundheit einen Strich durch die Rechnung.

»Man kann sich eigentlich nur so mit durchbeißen«

Viele der ehemaligen Werftarbeiter, die zur Zeit der Vulkan-Schließung zwischen 30 und 40 Jahre alt waren, haben im Bremer Mercedes-Werk von DaimlerChrysler eine Arbeit gefunden. Allein im kleinen Stadtteil Bremen-Farge gibt es mehrere Fahrgemeinschaften zur Früh- und Mittagschicht, einige arbeiten auf Dauernachtschicht. Wer älter war, blieb, sofern er noch arbeiten konnte, meist im Bereich des Schiffbaus. Wie schwer – alle Faktoren zusammengenommen – es trotz allen Bekundens, man sei »eigentlich ganz zufrieden«, dennoch für den Einzelnen ist, lässt folgendes Zitat erahnen:

»Körperlich ist es das gleiche geblieben, oder es ist anders körperlich, ja, man muss damit leben, ja. Ich bin eigentlich soweit zufrieden, allgemein, weil mir eigentlich nichts Besseres in mein' Alter, sag' ich mal, widerfahren kann oder konnte, und ich weiß, dass viele Kollegen, die ich auch kenn', die sind überall raus oder waren nur bei Verleihern und so weiter, oder dass Leute nur noch kurzfristig eingestellt wurden, und ich hatte eigentlich das Glück, so sag ich mal, diese Stelle zu kriegen. (...) Bin mit 10 Mark weniger damals angefangen. Von 33 oder 34 Mark, da bin ich mit 23 Mark unten wieder angefangen. Ja gut, da bin ich wieder höher gekommen. (...) Also die körperliche Belastung hat sich eigentlich bei mir nicht groß geändert. Nu, jetzt hab ich nicht das Kriechen, das Krabbeln, das hab ich nicht mehr, was ich früher hatte, Doppelböden und Schotten, hab ich jetzt nicht. Von der Aufgabenverteilung her hab ich jetzt genau solche, vielleicht etwas weniger Belastung, sag ich jetzt so ganz vorsichtig. Ich hätte jetzt auch schon wieder einen Job höher haben können, hab ich aber abgelehnt, weil Vorarbeiter oder ... Gruppenleiter, sag ich mal, das ist 'ne kleine Firma, und ich kenn unsere Gruppenleiter, die sind schon nervlich viel mehr kaputt. Da muss man Tag und Nacht

da sein. (...) Man kann sich eigentlich nur so mit durchbeißen, kann ich eigentlich nur so sagen, wie man ist, und wenn's nicht geht, dann immer so n büschen mit Schulter rein, Dampf dahinter, sag ich mal, halt durchbeißen. Muss man, kann nicht jeder, und das weiß ich auch, und das ist auch 'ne Belastung für einen, für mehrere sogar, und ich glaub, vier, fünf, sechs Vulkanesen sind wir hier, und die einen wie die annern hab'n da auch was zu tragen, alle.« (15/2-3, 10-11)

Eine Sequenz aus einem anderen Interview mag dies hinsichtlich der Belastungen und der gesundheitlichen Situation etwas erhellen. Es geht um eine der mittelständischen Werften,[17] in denen eine nennenswerte Anzahl ehemaliger Vulkanesen eine Arbeit gefunden haben:

»Ich war doch schon auf'm Vulkan kaputt gewesen. War auch mit meinem Kreuz, und war doch schon öfter krank gewesen wegen meinem Rücken, dem Knie und solchen Sachen ... Schmerzen hattest du immer, natürlich, und denn, als ich wieder Arbeit hatte auf dieser annern Werft, wenn du da gearbeitet hast und den Schrott geschleppt hast, an diesen Maschinen und das, also mit'm Rücken. Natürlich hast deine Schmerzen gehabt und hast gesagt: ›Mann, du hast noch deine Probezeit, und du musst hier das erst mal rumbringen‹, und hast die Zähne zusammen gebissen und hast da ja erst mal dir immer wieder gesagt: ›Nicht krank, nicht krank, nicht krank, nicht krank. Du musst durchhalten.‹ Das ist klar, also das war, das war da, ja, natürlich, das war so. (...) Und da haste wieder die Belastungen beim Tragen und Schleppen gekriegt, und da hast'e eben auch diesen Staub, und diese Absauganlagen, die war'n ja auch nicht da, und diese Staubbelastung ist schon riesengroß beim Brennen, wenn die da mit 5 bar da durchgeh'n, und der Feinstaub, der wird ja denn immer wieder von unten nach oben hochgewirbelt, also das ist ja auch immer..., abends, wenn du nach Hause gingst, war die Nase zu, als wenn du im Bergwerk gearbeitet hast, und auf'e Zähne hast es ja auch gemerkt, das hat richtig geknirscht.« (5/3)

Was hier, neben den eigentlich unerträglichen Arbeitsbedingungen, durchscheint, ist die nach wie vor geltende Definition der Werftarbeit als körperlich harte, die Gesundheit verschleißende Tätigkeit. Der Werftarbeiter kann im Rahmen dieser Definition nur dann Identität im Sinne von Anerkennung durch andere und damit auch im Sinne einer Selbst-Anerkennung erfahren, wenn er diese Arbeit aushält und durchhält. Das handwerkliche Geschick ist fest verbunden mit dem eigenen Körper. Wissen und Erfahrung werden durch den Körper vermittelt. Der ganze Mensch ist hier gefordert, und Verausgabung und Vernutzung

[17] Wir haben den Namen der Werft aus dem Zitat herausgenommen.

betreffen folglich den ganzen Menschen ebenso. Durch die zitierten Schilderungen schimmert ein bestimmter Stolz durch: ein Stolz auf seine Arbeit, die man leistet, auf seine Fähigkeiten und Fertigkeiten, auf das Produkt – das Schiff –, das als Ergebnis greifbar und für alle sichtbar ist. Dass damit auch Verschleiß und Krankheit verbunden sind, wird am wenigsten von den betroffenen Arbeitern geleugnet. Was sie legitimerweise erwarten, ist eine Anerkennung ihrer Leistungen auch in der Form, dass sie für erduldete Belastungen und Beeinträchtigungen entschädigt werden. Doch diese Anerkennung wird ihnen leider allzu häufig verwehrt.

Oft wird in der öffentlichen Diskussion behauptet, die Werftarbeit sterbe aus, und das Zeitalter der Dienstleistungsarbeit erfordere ganz andere Qualifikationen und Orientierungen. Man hört in diesem Zusammenhang auch die Meinung, es gäbe heutzutage keine körperlich schwere Arbeit mehr, und niemand würde sich heute noch selbst als Arbeiter in einem positiven Sinne sehen wollen. Unsere Interviews zeigen, dass diese Meinung nicht haltbar ist. Das heißt nicht, dass die Werftarbeit und die Arbeitshaltung, die Gesundheitsschäden in Kauf nimmt, nicht kritikwürdig seien. Das Gegenteil ist der Fall. Viele unserer Interviewten sehen die Werftarbeit durchaus sehr kritisch. An den Arbeitsbedingungen wäre unendlich viel zu verbessern; auch dass man nicht immer alles »mitmachen« sollte, ist eine Überlegung, die den Interviewten – aus heutiger Sicht – nicht völlig fremd ist. Wir werden, nachdem wir die wichtigsten Befragungsergebnisse dargestellt haben, auf diese Problematik zurückkommen.

3. Die heutige soziale Lage und Lebenssituation der ehemaligen Vulkanesen

Im Folgenden geben wir einige Daten aus dem Befragungsrücklauf wieder. Die Anzahl derer, die eine bestimmte Frage beantwortet haben, variiert, weil nicht alle Befragten alle Fragen beantwortet haben. Da im Rücklauf nur fünf Personen 70 Jahre und älter waren und diese sehr kleine Zahl großen Zufallsschwankungen unterliegt, haben wir diese Altersgruppe aus der Darstellung herausgelassen.

Erwerbsstatus

Erwerbsstatus	Anzahl	Anteil in %
feste Arbeit[a]	134	46,8
befristet[a]	24	7,9
arbeitslos	43	15,4
verrentet[b]	86	29,9
Gesamt	287	100

[a] Ein Teil davon bei Leiharbeitsfirmen (d.h. feste oder befristete Anstellung mit wechselnden Arbeitsorten); [b] Ein Teil davon in Erwerbsminderungsrente (z.T. auf zusätzliche Hilfeleistungen nach Hartz IV angewiesen)

Erwerbsstatus in Abhängigkeit vom Alter (Anteile in %)

Alter (Jahre)	in Arbeit	Arbeitslos	Verrentet
Bis 39	86,8	7,9	5,3
40-49	87,8	7,5	4,7
50-59	61,3	25,3	13,4
60-69	17,6	15,6	66,8

Einkommensverhältnisse

Brutto-Einkommen (Euro)	Anzahl	Anteil in %
weniger als 1500	105	41,7
1500-3000	125	49,6
mehr als 3000	22	8,7
Gesamt	252	100,0

Brutto-Einkommen in Abhängigkeit vom Alter (Anteile in %)

Alter (Jahre)	< 1.500 Euro	1.500-3.000 Euro	> 3.000 Euro
bis 39	23,5	67,6	8,9
40-49	6,3	81,0	12,7
50-59	44,4	42,9	12,7
60-69	70,6	25,9	3,5

Mehr als 80% der Befragten hat zehn Jahre und länger bei Vulkan gearbeitet und immerhin mehr als 50% sogar 20 Jahre und länger. Die Arbeitslosenquote unter den ehemaligen Vulkanesen beträgt 21% und liegt damit etwa auf dem Niveau der Stadtteile in Bremen-Nord. Schlüsselt man die Daten hinsichtlich der Altergruppen auf, so zeigt sich zweierlei ganz deutlich: Zum einen befinden sich die unter 50-Jährigen zu 87% in Arbeit. Das ist eine erstaunliche Quote, bedenkt man die großen Schwierigkeiten vieler Werftarbeiter, nach der Werftschließung wieder eine Arbeit zu bekommen. Dahinter verbergen sich enorme Anstrengungen, d.h. im überwiegenden Fall haben sich die Arbeiter selbst eine Stelle gesucht. Zum anderen zeigt sich ein massiver Sprung von knapp 8% auf 25% Arbeitslosigkeit bei den ab 50-Jährigen. Wie schon in der ersten Studie sind die ab 50-Jährigen in der Situation, zu alt und zu krank für die Arbeit, aber noch zu jung für die Rente zu sein.

Das Gesamtbild nach den mündlichen Befragungen ist etwa das folgende: Diejenigen, die sich gesundheitlich in einem noch halbwegs guten Zustand befinden – und das sind zumeist die bis etwa 50-Jährigen –, haben eine Arbeit gefunden; sie akzeptieren dabei mitunter auch wesentlich schlechtere Bedingungen, doch es ist ihnen wichtig, überhaupt eine Arbeit zu haben. Sie arbeiten entweder bei einem großen Automobilhersteller, einer regionalen mittelständischen Werft – hier sind insbesondere zu nennen: Lürssen, Arbeking und Rasmussen, Hegemann, Fassmer und Lloyd – oder einer der zahlreichen Zeitarbeitsfirmen. Auffallend ist, dass viele Schiffbauer seit Jahren über Zeitarbeitsfirmen bei regionalen Werften arbeiten, dies meist unter schlechteren Arbeits- und Einkommensbedingungen.

Diejenigen, die sich gesundheitlich in einer stark eingeschränkten Lage befinden – und die gesundheitlichen Einbrüche passieren meist erst ab dem 50. Lebensjahr aufwärts –, gehen über die Zwischenphase einer längeren Arbeitsunfähigkeit in die Arbeitslosigkeit und sodann in die Frührente bzw. vorgezogene Altersrente. Die gesundheitlichen Einbrüche sind zumeist von massiven finanziellen Einbußen begleitet, was sich auf die psychische und gesundheitliche Situation wiederum verschlechternd auswirkt.

Entscheidend für Wohlbefinden und Gesundheit ist auch das Einkommen. Dem Zweiten Armuts- und Reichtumsbericht der Bundesregierung[18] zufolge betrug das mittlere Brutto-Einkommen aus unselbständi-

---

[18] Bundesregierung 2005. Die hier präsentierten Zahlen stammen überwiegend aus der Steuerstatistik und erfassen somit nicht Personen und Haushalte, die aufgrund ihrer schlechten Einkommenssituation keine Steuern zahlen. Dies bedeutet: Der Bericht der Bundesregierung überschätzt stark die reale Einkommenssituation.

ger Arbeit im Jahr 2003 etwa 2.200 Euro, das mittlere Netto-Einkommen lag bei etwa 1.500 Euro. Die amtliche Armutsgrenze liegt bei etwa 900 Euro. Wenn mehr als 40% unserer Befragten ein Brutto-Einkommen von weniger als 1.500 Euro angeben, so bedeutet dies, dass etwa dieser Anteil, mindestens jedoch ein Drittel der ehemaligen Vulkanesen, an der Armutsgrenze angelangt sind oder diese bereits unterschritten haben. Insbesondere Arbeitslosigkeit und Erwerbsminderung, aber auch eine um fünf Jahre vorgezogene Altersrente, haben eine beträchtliche Anzahl von Personen, die früher »gut verdient« haben, in eine sozial bedrückende Lage gebracht.

»... wie das noch enden soll?« – die Lebenssituation von Arbeitslosen und Frührentnern

Im Folgenden werden ausgewählte Interviewausschnitte zur Illustration der Lebenssituation derer herangezogen, die – im weit überwiegenden Fall wegen gesundheitlicher Einschränkungen – aus dem Arbeitsleben herausgefallen sind. Hierbei geht es insbesondere um Hartz-IV-Empfänger, erwerbsgeminderte Frührentner und vorzeitige Altersrentner mit hohen Abschlägen. Nicht betrachtet werden normale Altersrentner, die ohne oder ohne nennenswerte Abschläge in den Ruhestand gegangen sind. Sie schildern ihre Lebenssituation fast durchgängig als sehr zufriedenstellend, selbst dann, wenn ihr Leben durch gesundheitliche Leiden eingeschränkt ist. Doch nur wenige haben es geschafft, bis 65 zu arbeiten und eine ungeschmälerte Altersrente zu beziehen.

Arbeitslosigkeit ist und bleibt eine außerordentliche Belastung für Menschen, die eine Lebensplanung hatten, die durch den Verlust des Arbeitsplatzes zunichte gemacht oder zumindest stark beeinträchtigt wird. Viele erlebten die Situation nach der Vulkan-Schließung als »Absturz« oder als »brutale Ernüchterung«. Der biographische Einbruch war nicht bei allen, aber doch bei vielen begleitet von dem Gefühl, dass »Lebensträume« zerfließen und nicht mehr gerettet werden können. Wer es schaffte und wessen Gesundheit es zuließ, eine neue feste Arbeit zu bekommen und zu behalten, konnte sich äußerlich und innerlich stabilisieren.

Wer es jedoch nicht schaffte, geriet in einen Teufelskreis der Instabilität und manchmal auch der Selbstentwertung. »Man war ja immer wieder unwahrscheinlich geknickt, wieder keine Arbeit ...«, so formulierten es mehrere der Interviewten. Die Bedrohung durch Hartz IV wird als besonders hart erlebt. Der folgende Interviewausschnitt stammt von einem Arbeiter, der aufgrund mehrerer Bandscheibenvorfälle seine Arbeit – die er gerne machte – nicht mehr ausführen konnte und entlassen wurde. Anzumerken ist, dass er zusätzlich durch Asbestose sowie Hörschäden und Tinnitus geplagt ist. Er war lange krank geschrieben, wurde von der Betriebskrankenkasse ausgesteuert und in die Arbeitslosigkeit entlassen. Mittlerweile in Hartz IV, hat sich die Lage des Betroffenen weiter verschlechtert:

»Ich weiß nicht, wie das noch enden soll ... Urlaub können wir uns schon gar nicht mehr leisten. Da kann man nur von träumen oder mal im Fernsehen gucken, wie andere Urlaub machen. Auch das Angeln ist vorbei, kann ich nicht mehr bezahlen.« (9/16-17)

Es gibt unter der ehemaligen Vulkan-Belegschaft weitere von Hartz-IV-Betroffene, doch von ihnen haben sich nur wenige zu einem Interview bereit erklärt. Auch der hier Zitierte wollte nicht weiter auf seine materielle Situation eingehen. Ganz ähnlich freilich ist die materielle Lage der Frührentner. Sie bekommen entweder gerade so viel, dass sie knapp über der Armutsgrenze liegen, oder sie müssen zusätzlich noch Sozialgeld beantragen. Genau wie Hartz-IV-Empfänger werden sie nach und nach von der Teilhabe am gesellschaftlichen Leben ausgeschlossen.

»Ich war sehr aktiv in der Feuerwehr und hab mich da zurückgezogen, muss ich ganz ehrlich sagen, weil ›How much Money‹, das ist halt eben nicht mehr da, man kann sich nicht an allen Festen beteiligen. (…) So, und die Nachbarschaft, auch bei uns, denn sitzen 'se zusammen, machen Kaffee, früher war es ja denn nur Kaffee, jetzt geht es abends, jetzt wird ja aufgetafelt, und jeder tafelt denn noch mehr auf, und so'ne Berge, und da hab ich gesagt: ›Ich hab keine Lust mehr dazu‹, das dreht doch alles jetzt so'n bisschen ab.« (4/17 u. 34)

Der folgende Interviewpartner hat ein derart schweres Lungen-Emphysem, dass er sich nur sehr langsam und immer nur mit großen Pausen bewegen kann. Dennoch hat er versucht, seine kleine Wohnung besser zu isolieren, um Heizkosten zu sparen, denn jeder Cent ist hier wichtig:

»Ja, meine Frau geht putzen, zwischen 500,- und 600,- Euro kriegt sie, je nachdem, wie viel Stunden sie zusammen hat im Monat, und da kommen wir mit meiner Teilerwerbsrente genau auf 900,- Euro und das soll dann langen. So schön ist das ausgerechnet vom Staat denn. Ich muss rechnen auf Heller und Pfennig hier, ich muss genau rechnen: ›Dafür ist das, dafür das, Energie, bleibt so und so viel über‹, so muss ich rechnen. Wir kriegen ja nirgends Zuschuss, weil wir ja genau auf'm Punkt voll haben.« (16/22-23)

Nicht viel besser geht es denjenigen, die – allein schon, um eine längere Hartz-IV-Phase mit all ihren Entwürdigungen zu vermeiden – mit dem 60. Lebensjahr in eine vorgezogene Altersrente gehen. Die fehlenden Beitragzahlungen nach dem Vulkan-Ende und die Abzüge summieren sich zu erheblichen Verlusten. Hier muss ebenfalls genau gerechnet werden; jeder »nicht notwendige Posten« wird gestrichen. Wieder bleiben soziale und kulturelle Aktivitäten auf der Strecke, zu schweigen von Urlaubsaktivitäten, wie man sie noch während der Vulkan-Zeit unternehmen konnte. Davon kann heute keine Rede mehr sein. Ein Betroffener schildert eine besonders pikante Situation, bei der mehrere beruflich in der Sozialpolitik Engagierte zugegen waren:

»Alle guckten mich also ganz erstaunt an, und wie ich denn gesagt hatte, dass ich mit 43 Jahre Arbeit und 47 Jahre Renteneinzahlung keine 1.000,- Euro bekomme, da haben sie gesagt: ›Das kann nicht angehen‹. Aber es ist so: Ich kriege mit diesen ganzen vielen Jahren, nie arbeitslos, außer die letzten zehn Jahre durch die Vulkan-Pleite, und dieses frühzeitige In-Rente-gehen, jetzt genau 965 Euro. Die haben mich da angeguckt, ob das Herr Sowieso oder Frau Sowieso war: ›Das stimmt nicht‹. Ich sag': ›Doch, genauso ist es‹, sag ich.« (27/9)

Aus psychologischer Sicht ist dies eine sehr komplizierte Gemengelage, gleichsam ein Vorgang auf mehreren Ebenen: Zunächst ist es natürlich der materielle Faktor, der Kummer und Sorgen bereitet. Darüber hinaus aber ist es auch das Gefühl der Entwürdigung, das einen »mitnimmt«, und dies wiederum in doppelter Weise: Angefasst ist der oben zitierte Betroffene nicht nur von dem Empfinden, vor dem Hintergrund eines langen Arbeitslebens vom Sozialstaat betrogen zu werden, sondern auch vom Unverständnis der sozialen Umwelt und gerade auch derjenigen Personen, die es eigentlich besser wissen müssten. Dass einem zu allem Übel dann nicht einmal geglaubt wird, frei nach dem Motto: »Was nicht sein darf, das kann nicht sein!«, ist geradezu verletzend. Der materiellen Ausgrenzung folgt die soziale.

Dieses Zitat lässt aber auch eine weitere Dimension aufscheinen: Arbeitslosigkeit und Frührente machen Menschen noch in einer weiteren Hinsicht Probleme. Nicht nur das geringere Einkommen, sondern auch die fehlende Anerkennung der eigenen Person, der eigenen Lebensgeschichte, der eigenen Leistungen, die man für den Vulkan und letztlich für die Gemeinschaft erbracht hat, machen traurig. Wenn das alles keinen Wert mehr haben soll, dann kommen Enttäuschung, Verbitterung und Selbstzweifel hoch, und man fragt sich: »Hat sich das alles gelohnt? Wofür habe ich gelebt?« Die von manchen Interviewpartnern angemerkte »Langeweile« oder gar »Leere« und dieses »Sich-nicht-mehr-nützlich-fühlen« kann nämlich auch so verstanden werden, dass die eigene Lebensleistung und der große Erfahrungsschatz von der sozialen Umwelt nicht mehr gewürdigt wird und diese Entwürdigung oder Entwertung das eigene Selbstwertgefühl anzugreifen beginnt. Jeder Mensch ist notwendigerweise von der menschlichen Anerkennung durch den Anderen abhängig. Wird ihm diese Anerkennung versagt, dann ist – mit der Zeit – auch der innere Halt bedroht.

Fragen zur persönlichen Befindlichkeit

	Anzahl	Anteil in % (von allen Befragten)[a]
zufrieden mit der beruflichen und sozialen Situation	96	35,8
stand wegen der Arbeit stark unter Druck	98	37,4
Arbeit hat meinem Leben immer Sinn gegeben	211	79,9

* Diese Prozentzahlen basieren auf Mehrfachantworten und können nicht auf 100% addiert werden.

Befindlichkeit in Anhängigkeit vom Alter (Anteile in %)

Alter (Jahre)	zufrieden	unter Druck	immer Sinn
bis 39	47,6	32,6	65,1
40-49	40,0	30,0	67,1
50-59	32,9	46,6	86,1
60-69	31,3	35,9	90,0

Eine erstaunlich hohe Zahl der ehemaligen Werftarbeiter – knapp 80% – hat in der Arbeit immer – d.h. auch unter bisweilen oder gar länger andauernden schlechten Bedingungen – einen Sinn gesehen. Altersgruppiert zeigt sich freilich ein Trend: Bei den Jüngeren, d.h. den unter 50-Jährigen, bleibt dieser Anteil bei unter 70%, während er bei den Älteren auf 90% ansteigt. Ein Drittel der Befragten stand wegen der Arbeit stark unter Druck. Angesichts der unterschiedlichen Arbeitsmarktchancen ist dieser Anteil bei Jüngeren verständlicherweise niedriger als bei Älteren, wobei die Verrenteten diese Problematik naturgemäß entspannter sehen. Ein Drittel der Befragten ist mit ihrer Situation zufrieden. Hier zeigt sich altersgruppiert ein umgekehrter Trend, d.h. der entscheidende Einflussfaktor ist hier der Umstand, dass, wer Arbeit hat, zufriedener ist als derjenige, der keine hat.

Insgesamt liegt die Quote der Zufriedenen bei den ehemaligen Werftarbeitern deutlich niedriger als in der Gesamtbevölkerung. Hier sind – je nach Fragestellung – zwischen 50 und 60% zufrieden mit ihrer Arbeits- und Lebenssituation. In der höheren Unzufriedenheit bei unseren Befragten spiegeln sich eindeutig die Nachwirkungen der

Werftschließung, das Erleben eines harten sozialen Kampfes oder eines sozialen Abstiegs und die labile gesundheitliche Situation insbesondere für die Älteren.

Dass die Zufriedenheit bei den ab 60-Jährigen nicht deutlich zunimmt, hat mit der für viele ungenügenden Einkommenssituation zu. Im Vergleich dazu waren bei der ersten Befragung vor acht Jahren die ab 60-Jährigen deutlich zufriedener, weil sie in einen anerkannten sozialen Status, nämlich denjenigen des Rentenempfängers, kamen und noch nicht in dem Maße von Abschlägen betroffen waren, wie dies heute der Fall ist.

Wenn der Druck erst mal weg ist, kann man sich wieder mit dem Leben arrangieren

Ein weiterer Schritt in der Datenanalyse zeigt, dass die Zufriedenheit mit dem Druck in einem umgekehrten Verhältnis steht: Wer nicht unter dem Druck stand, eine Arbeit zu bekommen oder seine Arbeit zu behalten, ist zu 54% zufrieden mit seiner Situation; unter denjenigen, die stark unter diesem Druck standen, sinkt die Zahl der Zufriedenen auf 17%. Interessant ist das Ergebnis bei der Frage nach den Abhängigkeiten zwischen Sinn und Zufriedenheit. Hier ist kein Trend festzustellen: Wem die Arbeit immer Lebenssinn gegeben hat, ist zu 38% zufrieden, wem sie nur teils-teils einen Sinn gegeben hat, ist zu 34% zufrieden. Anzumerken ist in diesem Zusammenhang, dass Zufriedenheit – obwohl dieser Begriff in Alltagssprache wie Wissenschaft einen hohen Stellenwert besitzt – ein nicht sehr erklärungskräftiger Begriff zu sein scheint. Denn damit wird ein Stimmungs-Zustand abgefragt, der von materiellen, sozialen, gesundheitlichen und lebensgeschichtlichen Aspekten abhängt und mit diesen in Wechselwirkung steht. Dass mit höherem Druck die Unzufriedenheit steigt, ist fast trivial. Dieser Druck ist freilich wiederum von vielen weiteren äußeren wie inneren Faktoren abhängig, seien dies nun die Einkommensverhältnisse oder seien dies verinnerlichte oder eigenständig neu definierte Normen, d.h. Faktoren eines inneren Werte-Systems.

So berichtet beispielsweise ein ehemaliger Vulkan-Beschäftigter von Unfällen zur Vulkan-Zeit, mit deren Folgen er gesundheitlich momentan viel zu tun hat, von drei Bandscheiben-Vorfällen, von Nierenschäden, von einer Krebserkrankung mit Folgeoperationen und von seiner schweren Asbestose, wodurch ihm mittlerweile das Atmen schwer falle, um dann festzustellen, dass er dennoch mit seiner Situation »ganz zufrieden sei«. Auch die Tätigkeit auf dem Vulkan habe er »nicht als Belastung« empfunden:

»Ich war an und für sich sehr zufrieden mit dieser Tätigkeit in der Schlosserei bzw. auch dann an Bord. Gut, man war immer irgendwie einer Gefahrenquelle ausgesetzt, aber ich war mit der Arbeit soweit zufrieden, weil es einem Spaß gemacht hat, und ich hatte auch mit den betreffenden Leuten, wo ich was mit zu tun hatte, auch meine Freude. Also, dass ich da irgendwie da mal ..., ›Ach das war alles Mist‹ und so, kann ich so nicht sagen.« (1/1-2)

Der eben Zitierte ist inzwischen Rentner; aber ganz ähnliche Aussagen gab es auch von ehemaligen Vulkanesen, die – trotz durchgemachter schwerer, nur teilweise ausgeheilter Erkrankungen – noch oder wieder in Arbeit stehen und mit ihrer Situation zufrieden sind. Aus der Zufriedenheitsforschung[19] weiß man, dass Menschen immer versuchen, mit ihrer Situation »ins Reine« zu kommen, d.h. entweder die materielle und soziale Lage oder aber ihre Einstellung dazu zu ändern. Das ist ein allgemeines Überlebensprinzip – und das ist gut so. Es verschont den Menschen vor einer permanenten Zerrissenheit, die auf Dauer unerträglich wäre und zu ernsthaften Persönlichkeitsspaltungen führen würde.

Es kann an dieser Stelle hilfreich sein, auf das Wissen der psychosomatischen Medizin hinzuweisen, nach dem menschliche Befindlichkeiten sich nicht nach logischen Gesetzen richten und auch gar nicht richten können. Diese insbesondere mit den Namen Sigmund Freud und Viktor von Weizsäcker verbundenen Erkenntnisse[20] – denen sich auch die zeitgenössische Physik[21] anschließen kann – meinen in etwa Folgendes: Der Mensch erlebt viele Widerfahrnisse, die ihn irritieren, verunsichern, ängstigen und aufregen. Was uns widerfährt, ist oftmals vieldeutig, unscharf und mit vielen Assoziationen befrachtet. Weder was uns widerfährt, noch wie wir reagieren und dies in unser Handeln einbauen, lässt sich mit Logik auf einen Begriff bringen. Weizsäcker, der zu den großen Vätern der psychosomatischen Medizin zählt, sagt unmissverständlich: »Biographie ist von einer Antilogik geprägt.« Widersprüche und Paradoxien begleiten unser Leben. Obwohl wir vielleicht wissen, dass uns bestimmte Dinge nicht gut tun, tun wir sie dennoch, weil irgend eine andere Sache – ein Denken, Hoffen oder Befürchten – uns an demjenigen Tun hindert, das vielleicht logisch »richtig« wäre. Und genauso verhält es sich mit Zufriedenheit und Unzufriedenheit:

---

[19] Neuberger 1985: 158ff.
[20] Vgl. Rattner/Danzer 1997: insbes. 71f.
[21] Vgl. Dürr 2004.

Nicht die äußeren »Tatsachen«, sondern unsere innere Bewertung, in der viele Dinge – sei dies nun Vergangenes oder Zukünftiges –, mitschwingen, sind entscheidend für unser gegenwärtiges Lebensgefühl und unsere Identität.

Wer mehr als sein halbes Leben in einem Betrieb verbracht hat, und dann auch noch so intensiv, wie es die Vulkanesen taten, der hat dort einen Großteil seiner Identität, seines Selbstverständnisses und seines Selbstgefühls erworben. Eine Abkehr von seiner eigenen Vergangenheit gibt es nur um den Preis ernster Persönlichkeitsstörungen, d.h. man müsste einen, vielleicht den wichtigsten Teil seiner Identität verleugnen. Vor diesem Hintergrund ist es erstaunlich und bewundernswert, wie unsere Befragten im Gespräch die verschiedenen Aspekte meist sehr differenziert miteinander abwogen, nichts beschönigten, aber auch nichts völlig verdammten. Im Erzählen werden gleichsam die widerstreitenden Gedanken geordnet. Und dies gilt ganz allgemein: Erzählend organisiert sich der Mensch die Vielgestaltigkeit seines Lebens, ähnlich wie eine künstlerische Konstruktion. Er braucht die Zuhörer, um sich seiner Konstruktionen zu vergewissern. Schließlich und endlich braucht er die Anerkennung durch andere, ohne die nur die Flucht ins Eigenbrödlerische und ins Verstummen bleibt. Wir werden im weiteren Verlauf unserer Darstellung sehen, wie sich diese persönlichen Wertungen der ehemaligen Vulkanesen auf deren Erlebnis- und Bewältigungsweisen von Arbeit, Arbeitslosigkeit und Krankheit auswirken.

Ein ganz wichtiger Aspekt muss an dieser Stelle benannt werden: der Zusammenhalt in der Familie. Regelmäßig, wenn das Familien-Klima gut war, wurde uns – auch wenn der jeweilig Befragte sehr krank war – von einer Entspannung berichtet, d.h. davon, dass der Druck, die Angst und die Unzufriedenheit zurückgingen und einem Gefühl der Aufgehobenheit Platz machte. Ein Beispiel:

»Ich muss ganz ehrlich..., ich muss meiner Frau und meinen Kindern, also meiner Familie, ein ganz großes Lob aussprechen. Also, es ist sicherlich nicht einfach und wenn man krank ist, man wird dann auch vielleicht auch 'n büschen zickig. Ich bin jetzt seit nem dreiviertel Jahr nicht mehr zur Arbeit gewesen, und Arbeiten ist mein Leben eigentlich. Also, ich glaub, meine Familie muss da schon doch so einiges einstecken von mir und unter meinen Launen doch ein bisschen leiden, und dafür eigentlich ein Dank, dass sie das so hingenommen haben, nicht... Nicht jede Frau macht das eben so locker mit, und es gibt auch Ehen, die dabei kaputt gegangen sind. So mittlerweile habe ich mich damit abgefunden, dass ich nicht mehr arbeiten gehen kann, aber ich bin halt ein Typ, der für die Arbeit gelebt hat. Das war beim Vulkan so und das

war bei der jetzigen Firma auch so, und deshalb hatten wir uns ja auch schon teilweise inne Klamotten, ich hab ja schon bald auf der Werft gewohnt, aber, ja, die Zeiten sind halt so, dann muss man halt, man muss mitziehen, sonst klappt's nicht, und auch da, von daher schon, also da hat meine Frau schon unwahrscheinlich viel erdulden müssen und auch meine Jungs. Aber jetzt das genaue Gegenteil, jetzt habe ich keine Arbeit mehr, und man sitzt den ganzen Tag zuhause, und da ist es schon so, dass man da ein bisschen launisch wird, und daher also einen ganz großen Dank an meine Familie.« (12/25f.)

Wieder zeigt sich hier, wie einem jahrelangen und gesundheitlich ruinösen Einsatz für die Arbeit ein abrupter körperlicher Zusammenbruch folgt. Es stellt sich die Frage, ob sich dieser Einsatz gelohnt hat, ob nicht ein sorgsamerer Umgang mit dem eigenen Körper angebracht gewesen wäre. Der Interviewte wird sich insgeheim diese Frage auch gestellt haben; aber er beantwortet sie mit einem Sachzwangargument. Ganz im Sinne des Ausgeführten folgt damit der Erzählende einer allgemein menschlichen Psycho-Logik, seine Lebensgeschichte nicht für unsinnig zu erklären. Dennoch ist die Ernüchterung und die Enttäuschung zu spüren. Aber der Betroffene gibt nicht auf. Er kann auf die Ressourcen seiner Familie zurückgreifen. Dieser Punkt ist augenscheinlich entscheidend für ein relatives psychisches Wohlbefinden trotz körperlicher Leiden.[22]

[22] Wir werden diesen Faden weiter unten wieder aufgreifen.

4. Körperliche Beeinträchtigungen und Erkrankungen der ehemaligen Vulkanesen

Allgemeiner Gesundheitszustand

	Anzahl	Anteil 2006 in %	Befragung 1999[a] Anteil in %
sehr gut	14	4,0	4
gut	131	37,5	27 (sign.)[b]
mittelmäßig	138	39,5	43
schlecht[c]	55	15,8	16
sehr schlecht[d]	11	3,2	10
Gesamt	349	100	100

[a] Ergebnisse der Gesundheitsbefragung bei ehemaligen Vulkanesen im Jahr 1999 (auf- oder abgerundete Prozentzahlen); [b] signifikante (= statistisch sichere) Abweichung zwischen den Befragungsergebnissen 1999 und 2006; [c] in der Befragung 1999 hieß diese Rubrik »weniger gut«; [d] in der Befragung 1999 hieß diese Rubrik »schlecht«

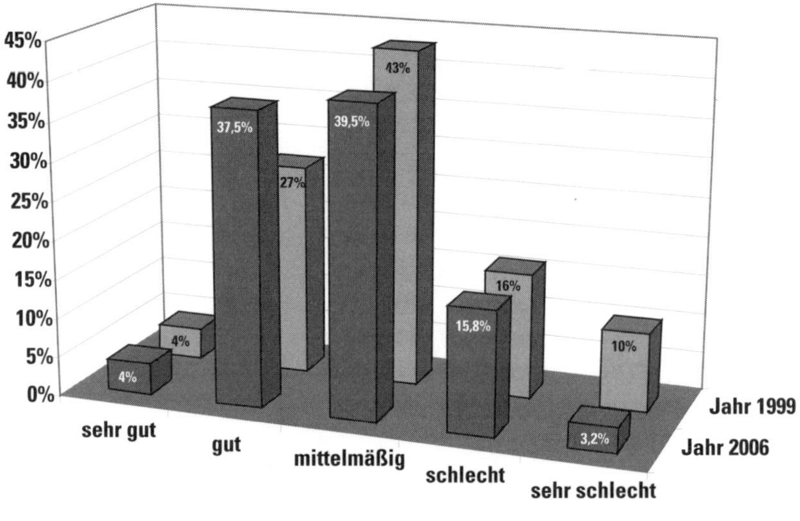

Das überraschende und zugleich erfreuliche Ergebnis ist, dass sich der Gesundheitszustand, d.h. das subjektive Erleben des eigenen körperlichen und seelischen Zustandes, unter der ehemaligen Werftbelegschaft während der letzten zehn Jahre gebessert hat. Anzumerken ist, dass die Unterschiede zwischen Arbeitern und Angestellten (hier nicht gezeigt) unerheblich sind.

Was sind nun die Gründe für die Verbesserung der Gesundheit? Hier kommen verschiedene Faktoren in Frage. Ein Faktor ist in dem Umstand zu sehen, dass die damals 50- bis 59-Jährigen durch die Arbeitsbelastungen auf dem Vulkan gesundheitlich noch unmittelbar massiv betroffen waren, während diese Belastungen bei den heute 50- bis 59-Jährigen schon zehn Jahre zurückliegen und sie eine um diese Zeitspanne verkürzte Expositionszeit aufweisen. In dieses Argument geht die – durch die Interviews plausibilisierte – Annahme ein, dass die Arbeitsbelastungen der letzten zehn Jahre geringer waren als die beim Vulkan. Alleine vom Faktum des damaligen Überstundenvolumens her kann dieses Argument weiter gestützt werden. Ein weiterer Faktor ist in der Tatsache zu sehen, dass die meisten der unter 50-Jährigen wieder Arbeit gefunden haben. Hierdurch wird der psychische und damit auch der körperliche Gesamtzustand etwas stabilisiert, zumindest die subjektiv empfundene Gesundheit.

Die subjektive Gesundheit – in diesem Zusammenhang ist auch der Begriff der »relativen Gesundheit« geprägt worden[23] – beinhaltet ein Bündel von Faktoren. Die subjektive Gesundheit ist nicht allein vom medizinischen Befund, sondern auch von der materiellen Lage, vom sozialen Status, von der allgemeinen Lebenszufriedenheit, von dem Gefühl, noch sinnvolle Dinge tun zu können, und den persönlichen Beziehungen in Partnerschaft und sozialen Netzwerken abhängig. Die subjektive Gesundheit – und nicht der medizinische Befund – haben einen starken Vorhersagewert für den weiteren gesundheitlichen Verlauf und schließlich auch die Sterblichkeit. Personen, die sich sehr krank fühlen, sterben signifikant früher als Personen, die ihren Gesundheitszustand als gut einschätzen.[24]

Zurück zum Vulkan: Es darf nicht vergessen werden, dass der Gesundheitszustand der ehemaligen Vulkan-Arbeiter nach der Werftschließung dramatisch schlecht war, was u.a. darin sichtbar wurde, dass sich die Quote der Rücken-, Magen-Darm- und Atemwegserkrankungen im Vergleich zur aktiven Vulkan-Zeit praktisch verdoppelt hatte. Insofern äußert sich im derzeitigen Gesundheitszustand der ehemaligen Werftbelegschaft eine gewisse »Normalisierung«, dies freilich im Vergleich zur Industriearbeiterschaft allgemein – wie gleich zu sehen sein wird – auf einem deutlich höheren, d.h. einem gesundheitlich schlechteren Niveau. Betrachtet man die Daten aufgegliedert nach Altersgruppen,

[23] Behrens/Elkeles/Schulz 1998.
[24] Ferraro/Farmer 1999.

so zeigen sich bemerkenswerte Unterschiede, die nicht alleine dem Altersgang[25] geschuldet sein können.

Schlechter/sehr schlechter Gesundheitszustand in Abhängigkeit vom Alter

Alter (Jahre)	Anzahl	Prävalenz[a] (in %)
bis 39	2	4,7
40-49	11	12,6
50-59	25	28,1
60-69	28	23,4

[a] Anteil der Kranken (Krankheitsquote) in einer bestimmten Symptomgruppe bezogen auf alle Befragten der Altersgruppe

Wie schon in der Vulkan-Befragung vor acht Jahren muss festgestellt werden: Am bedrückendsten ist die Lage für die 50- bis 59-Jährigen. Dies bezeugt der Sprung von knapp 13 auf 28% ab dem 50. Lebensjahr. Viele ehemalige Vulkanesen – immerhin fast ein Drittel der Befragten – sind aufgrund ihres Krankheitszustandes gezwungen, in eine Erwerbsminderungsrente zu gehen. Die damit verbundenen finanziellen Einbußen führen zu einem mehr oder weniger großen Angriff auf das Selbstwertgefühl der Betroffenen, was sich weiter krankheitsverstärkend auswirken kann. Unter den zehn Personen, die wir vor acht Jahren schon einmal interviewten, hat sich bei der einen Hälfte der subjektive Gesundheitszustand verschlechtert, bei der anderen Hälfte verbessert. Hauptsächlich ergab sich eine gewisse Entspannung durch den Übergang in den Altersruhestand, wenngleich die hohen Abschläge bei der – aufgrund der teilweise massiven gesundheitlichen Einschränkungen der über 50-jährigen ehemaligen Werftarbeiter – überwiegend vorgezogenen Altersrenten wiederum ernüchternd sind. Auch hier wird in den Interviews zuweilen eine Verbitterung deutlich, welche die an sich positiven gesundheitlichen Auswirkungen des Übergangs in den anerkannten Status des Rentners wiederum merklich dämpft. So ist die Verbesserung des Gesundheitszustandes der ab 60-Jährigen weniger deutlich als 1999.

---

[25] Damit ist der Umstand gemeint, dass sich mit höherem Alter allgemein der gesundheitliche Zustand verschlechtert.

Häufigkeit einzelner Krankheitsarten

Krankheitsart	Anzahl Vulkanesen	Prävalenz Vulkanesen[a] (in %)	Industrie-arbeiter[b] (in %)
Rücken[c]	162	44,8	39,2
Bluthochdruck	133	36,4	31,0
Herzerkrankungen[d]	68	18,4	12,8
Schlaganfall	11	3,0	2,3
Krebserkrankung	24	6,5	3,4
starke seelische Probleme[e]	23	6,5	7,5
Depression[f]	75	27,8	12,0 (ca.)
schwere Depression[f]	12	4,6	2,0 (ca.)
anerkannte Behinderung	85	23,2	21,0

[a] Anteil der Erkrankten dieser Symptomgruppe an allen Befragten; [b] Prävalenzen aus dem Bundesgesundheits-Survey, altersstandardisiert (d.h. statistisch mit dem Vulkan-Kollektiv vergleichbar gemacht); [c] in den letzten zwölf Monaten mindestens drei Monate täglich Rückenschmerzen; [d] Herzinfarkt und Angina Pectoris; [e] Angst, Niedergeschlagenheit, Reizbarkeit usw.; [f] Vergleichsdaten nach Hautzinger (2006: 19)

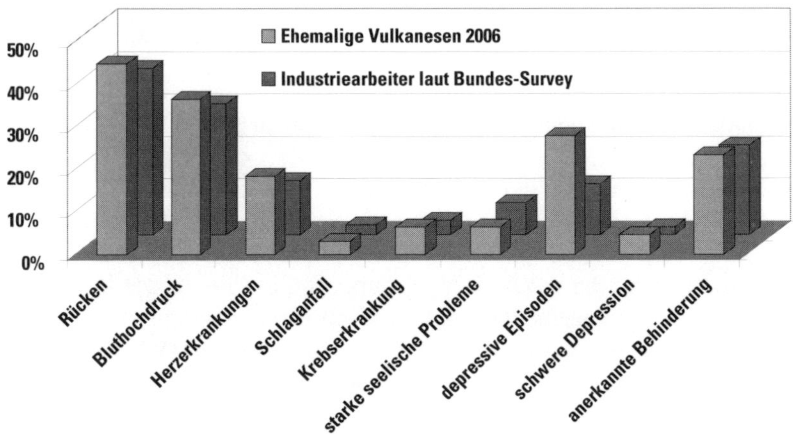

Die Ergebnisse sind besorgniserregend: Bei durchweg allen Krankheitsgruppen liegen die ehemaligen Werftarbeiter deutlich höher als der Durchschnitt der Industriearbeiter in Deutschland, am wenigsten noch bei den psychischen Erkrankungen, am stärksten bei den Herzerkrankungen. Am erstaunlichsten ist der Befund hinsichtlich der Herzerkrankungen. Die Quote liegt in ähnlicher Höhe wie diejenige, welche die Vulkan-Arbeiter während ihrer aktiven Vulkan-Zeit angegeben hatten. Sie sank auf 14% nach der Werftschließung, was so zu deuten war, dass der in den letzten Jahren der Werft sich verschärfende Arbeits- und Zeitdruck weggefallen war.

Nun aber stehen die meisten erwerbsfähigen ehemaligen Vulkanesen wieder im Arbeitsprozess – in kleineren Werften, in denen die letzten Jahre die Produktion auf Hochtouren läuft, in der Automobilindustrie usw. – mit allen dazugehörigen Belastungen. Dies und möglicherweise die gleichsam körperlich eingeschriebene Angst, wieder arbeitslos zu werden, nicht zuletzt der Druck, unter dem insbesondere die über 50-Jährigen stehen, wirkt sich augenscheinlich massiv auf das Herz-Kreislauf-System aus, was sich auch an der erhöhten Quote der Schlaganfälle bemerkbar macht. Anzumerken ist, dass leider nicht nach Lungenerkrankungen gefragt wurde. Im mündlichen Teil der Befragung zeigte sich, dass ein Großteil der Produktionsarbeiter Asbest-Schatten im Röntgenbild hat und praktisch alle, die als Schweißer oder Brenner gearbeitet hatten, spätestens ab Mitte 50 massive Atemwegsprobleme bekommen haben. Die Spätfolgen der Kombinationsbelastung durch Asbeststäube und Schweiß- und Brennrauche mitsamt ihren hochtoxischen Inhaltsstoffen sind heute sichtbarer denn je. Psychische Erkrankungen scheinen nicht erhöht, doch spezifischer nach depressiven Erkrankungen gefragt, sind die Werte der ehemaligen Vulkan-Beschäftigten deutlich erhöht.

Körperliche Erkrankungen im Erleben der Betroffenen

Es ist uns in den Interviews kein Arbeiter begegnet, der sein 50. Lebensjahr ohne Bandscheibenschäden erreicht hat. Dieses Lebensjahr scheint bei den ehemaligen Vulkanesen so etwas wie eine »magische« Grenze zu sein, die in Wirklichkeit ganz und gar nichts mit Magie zu tun hat, sondern voll und ganz auf das Konto der schweren Arbeit geht. Es muss an dieser Stelle betont werden, dass es keinesfalls »normal« oder »schicksalhaft« ist, wenn man schon mit dem 50. Lebensjahr derart schwere Rückenschäden erleidet. Doch genau dies behauptet die Mehrheit der medizinischen Gutachter – eine ganz und gar unbefriedigende Situation.[26] Die Lebensqualität kann bis ins Extreme beeinträchtigt sein. Ein Beispiel:

»Dann wurd's wieder schlechter, und denn bin ich den einen Tag, Anfang März war das, da bin ich morgens da gewesen zur Behandlung, auf'm Montag Morgen war das, und auf mal mittags, da wurden die Schmerzen so schlimm und da abends gleich wieder hin, und dann nächsten Tag, der wusst' ja ungefähr, was ich hatte, und denn, ja, nächsten Tag, wieder hin … also, mein Arzt, der mich sonst immer behandelt, der kam da ja wieder, guckt bloß, ich saß inne Kabine, er hat bloß gezuckt, sagt er: ›Was machst du denn hier?‹ Ich sach, ›Geht nix

[26] Vgl. hierzu: Seidler 1998; Baars u.a. 2004.

mehr, ich halt das vor Schmerzen nicht mehr aus›, sag ich. Er: ›Machen wir alles fertig für's Krankenhaus. Sofort röntgen den Kram.‹ Ja, und denn, … denn haben se mich erst mal durch die Röhre geschoben, und da ha'm se ja festgestellt, dass ich 'n schwersten Bandscheibenvorfall hab. (…) Ich konnt' nicht mehr laufen, also, ich hab' auch damals zu meinem Hausarzt gesagt, ich sag: ›Wenn das jetzt noch länger dauert‹, ich sach, ›ich hab 'n schönen Kastanienbaum zuhause‹, sag ich. Ich sag: ›Ich mach' mein' Leben ein Ende, ich halt das einfach nicht mehr aus‹, und das war auch nicht auszuhalten, wirklich nicht. Lähmungserscheinungen hatt' ich in den Beinen, im Fuß, und was nicht alles, die ganze linke Seite, also komplett, auf deutsch gesagt, alles weg.« (29, 2-4)

Der Betroffene wurde operiert und durchlief eine stationäre Rehabilitationsmaßnahme, die nach seinem Dafürhalten sehr gut war und seine Beschwerden deutlich besserte. Doch an eine Wiederherstellung im Sinne einer völligen Gesundung ist nicht zu denken. Seinem Hobby – Kegeln – kann er nicht mehr nachgehen.

Neben anderen Muskel-Skelett-Erkrankungen – hier sind insbesondere die vielen Knie-Erkrankungen zu nennen – hatten praktisch alle Befragten mit einer Schwerhörigkeit zu kämpfen. Mehrere Interviewpartner klagten über Tinnitus und Bluthochdruck; berichtet wurde uns über zwei Fälle eines schweren Herzinfarktes, mehrere mit koronaren Herzbeschwerden, zwei Fälle eines Schlaganfalls und drei Fälle eines Nierenschadens, von dem einer zur Dialysepflichtigkeit führte. Fast alle Interviewten befinden sich in der Asbestvorsorge, und bei fast allen wurden entsprechende Schatten im Röntgenbild festgestellt. Alle, die auf dem Vulkan als Schweißer oder Brenner gearbeitet haben, wiesen eine mittlere bis schwere Beeinträchtigung der Lungenfunktion auf. Sind die Schweißrauche allein schon lungenschädigend, so kommen beim Brennen mehrfach beschichteter Stähle – die Lackierungen werden abgebrannt, um Stähle wieder schweißbar zu machen – hochtoxische Zersetzungsprodukte hinzu, die weitere massive Schäden anrichten können.[27] Zudem kann an einer Kombinationswirkung von Asbest und Schweiß- und Brennrauchen mit noch schlimmeren gesundheitlichen Folgen kein Zweifel bestehen. Wie das ist, wenn »die Lunge nicht mehr mitmacht«, zeigt folgende Schilderung:

»Man kriegt Angstzustände, … es ist wichtig, dass wenn die Luft knapp wird, dass dann zur rechten Zeit, dass meine Frau den Sauerstoff parat hat, und die Medikamente. (…) Meine Frau fordert mich immer wieder auf, wenn's das Wetter zulässt, rauszugehen, aber dann ist das

---

[27] Vgl. hierzu: Hien u.a. 2002: 27-38.

schon ein sehr langsames Gehen, 'n Kilometer, dann ist aber schon ... Die Intensität, irgend so etwas außerhalb des Hauses zu machen, lässt immer mehr nach, und insofern wird man also auch dann ... Das heißt also, der Körper kriegt nicht richtig Sauerstoff, und dann wird man müde, und jetzt mit diesen Medikamenten da, die das denn noch unterstützen, dass der Körper sich ruhig verhält, ist also das Verlangen nach Schlaf so ziemlich...« (3/4-6, 19)

Alle Interviewten über 50 Jahre berichteten von mehreren Leiden, mit denen sie zu tun haben. Zum einen sind es die vielfältigen Unfallfolgen, die sich jetzt »im Alter« – es geht hierbei meist um Mitte-50-Jährige – bemerkbar machen, zum anderen kombinieren sich Rücken- und Organerkrankungen mitunter zu dramatischen Lebenssituationen. So berichteten zwei Betroffene davon, dass sie sich bei den kleinsten Anstrengungen wie z.B. einem kleinen Einkauf »um die Ecke«, manchmal nicht mehr bewegen können und auf die Hilfe von Nachbarn angewiesen sind.

Leib und Körper sind Grundbedingungen menschlichen Handelns

In der psychosomatischen Medizin[28] und den angrenzenden Wissenschaften[29] wird sprachlich unterschieden zwischen Körper und Leib. Der Körper, das sind die Knochen, die Muskeln, die Organe, die alle irgendeine physikalische oder chemische Aufgabe haben, die bestimmte Funktionen haben – die also funktionieren müssen – und die sich in gewisser Weise als Maschine zusammenfügen. Der Leib, das ist die Ganzheit des Menschen mit seinen vielfältigen Wechselwirkungen zwischen den Sinnen – also Hören, Sehen usw. –, der mittels ihrer gemachten Wahrnehmungen, deren bewusster und unbewusster Verarbeitung im Gehirn, der Koordination der Organe und dem Agieren durch Bewegung und Handeln. Durch den Leib hindurch entstehen psychische Vorgänge, die sich als Gefühle und Stimmungen in uns niederschlagen. Der Leib ist ein Begriff für die Lebendigkeit menschlichen Seins, während der Körper als Begriff kaum mehr als die mechanische Funktion umfasst. Der Leib ist die Einheit von Materie und Geist. Das Selbst des Selbstbewusstseins ist nur dann und nur so lange überhaupt etwas, als es über den Leib verfügt. Die Vorstellung eines eigenständigen Ichs kann sich nur in der Gesamtheit des ganzen Organismus darstellen.

---

[28] Rattner/Danzer 1997; Keil 1999; Keil 2006.
[29] Petzold 1986.

Das bewusste Selbst bezieht sich also auf eine – möglichst intakte – Leiblichkeit und kann sich nur so als eigenständig vergewissern. In die soziale Biographie des Menschen ist seine leibliche Geschichte und seine Körpergeschichte gleichsam eingeschrieben. Der Körper-Leib ist Grundbedingung menschlichen Handelns. Für körperlich Arbeitende ist der Körper-Leib Träger und Medium von Wissen und Erfahrung.[30] Das Erfahrungswissen des Werftarbeiters ist ein im Körper-Leib gespeichertes Wissen. Es handelt sich nicht nur um die physische Konstitution und Kraftverausgabung, sondern vor allem auch um das sinnliche Begreifen. Dieses sinnliche Begreifen begründet die Kompetenz des Arbeiters in einer doppelten Bedeutung: Zum einen hinsichtlich der richtigen Wahrnehmung des Materials und des Erkennens, zum anderen hinsichtlich des praktischen Umgangs mit diesem Material.

Der beschädigte Leib – und das ist nun mal bei einem relevanten Anteil der über 50-jährigen ehemaligen Werftarbeiter der Fall – schränkt das Handeln ein. Verletzungen, Funktionseinschränkungen und Behinderungen sind Hindernisse. Sie setzen unserem Handlungswillen schmerzhafte Schranken; sie greifen damit unser Selbstbewusstsein und unsere Identität an. Diese Vorgänge können als tieferer Grund für die inneren Spannungen und die Zerrissenheit interpretiert werden, unter der manche chronisch erkrankte ehemalige Werftarbeiter stehen. Wenn der Körper nicht mehr mitspielt, ist das eigene Heldentum gebrochen. Die heutige Situation, die äußere und innere Haltung, die Bewegung und ihre Einschränkungen, die Mimik und die Sprache sind beeinflusst von der Köpergeschichte, von der Geschichte aus Härte und Verletzungen.

Krankheit ist in dieser Sichtweise eine Lebenskritik, die das ans Licht bringt, was dem Leben gefehlt hat oder – zu einer Gesundung bzw. gesundheitlichen Stabilisierung – noch fehlt, was das Leben gebraucht hätte oder noch braucht. Nietzsche – selbst zeitlebens schwer krank und schließlich daran verzweifelt – hätte sinngemäß gesagt: Krankheit weist der Gesundheit den Weg.[31] Als Leiden ist Krankheit auf die Kritik der Verhältnisse gerichtet, die dieses Leiden erzeugen. Es sind dies die Verhältnisse, die uns umgeben, in denen wir gleichsam gefangen sind oder aber in denen wir uns verfangen haben, und insofern sind dies auch die – psychischen – Verhältnisse in uns selbst, die uns immer wieder davon abgehalten haben, unsere Orientierung und unser Handeln menschengerechter zu gestalten.

---

[30] Böhle 1989.
[31] Vgl. Schipperges 1986.

5. Seelische Erkrankungen – auch eine Folge von Entwürdigung durch Institutionen

Wenn nach »seelischen Problemen« gefragt wurde, so ist dies eine noch relative ungenaue Kategorie. Niedergeschlagenheit bzw. Depression und Angstzustände sind die weitaus häufigsten psychischen Erkrankungen unter denjenigen Menschen, die erst im Verlaufe ihres Arbeitslebens erkranken. Auch unter den ehemaligen Vulkanesen ist Angst keine Seltenheit, insbesondere dann, wenn sie an schweren Herz- und Lungenerkrankungen leiden und sich in körperlichen Krisensituationen durchaus nachvollziehbare Ängste um das eigenes Leben entwickeln. Derartige Ängste können sich auch »selbständig« machen und so zu einem zusätzlichen Krankheitsfaktor werden. Von leichten bis mittelschweren Depressionen werden fast alle Menschen zumindest einmal im Laufe ihres Lebens oder auch immer wieder zeitweise geplagt, wenn die Traurigkeit nicht weichen will. Seltener sind schwere Depressionen; sie können, wenn sie nicht behandelt werden, sehr schlimme Formen annehmen.

Wir haben im Fragebogen einige Detailfragen gestellt, aus deren Beantwortung abgeschätzt werden kann, ob eine Depression vorliegt und wenn ja, in welchem Grade sie vorliegt. Depression ist die bei der Erwerbsbevölkerung der Industriestaaten am meisten diagnostizierte psychische Erkrankung.[32] Als ursächlich werden in der Wissenschaft hohe Stressbelastungen bei der Arbeit, Angst vor Arbeitsplatzverlust und Langzeitarbeitslosigkeit diskutiert. Einige Leitsymptome einer Depression sind:

- eine fast tägliche Stimmung der Niedergeschlagenheit,
- ein deutlich vermindertes Interesse an Aktivitäten,
- Schlafprobleme und große Probleme mit dem Aufstehen morgens,
- Veränderung des Aktivitätsniveaus (Verlangsamung oder Unruhe),
- mangelnder Appetit und Gewichtsverlust (manchmal auch Ess-Sucht),
- Energieverlust und/oder große Müdigkeit,
- negatives Selbstbild, Selbstvorwürfe, Schuldgefühle und Gefühle der Wertlosigkeit,
- verminderte Konzentrationsfähigkeit, verminderte Fähigkeit zu denken oder verringerte Entscheidungsfähigkeit,

---

[32] Hau/Busch/Deserno 2005; Hautzinger 2006.

- verminderte Fähigkeit, sich richtig zu freuen oder zu trauern, oftmals das Gefühl, »nichts mehr fühlen zu können«.

Oftmals sind Depressionen verbunden mit körperlichen Problemen und körperlichen Erkrankungen (Schmerzen, Rücken, Herz usw.). Im Schweregrad unterscheidet man zwischen leichten bis mittelschweren Depressionen, die zeitweise auftreten und dann auch wieder verschwinden bzw. gut therapierbar sind – darunter werden die so genannten depressiven Episoden gefasst –, und den schweren Depressionen, die sehr langanhaltend und schwer zu therapieren sind. Leidet eine Person schon länger, möglicherweise seit ihrer Kindheit an Depressionen, so sind dies oftmals schwere Depressionen mit so genannten manischen Schüben – so genannte bipolare Depressionen –, die eine gewisse kontinuierliche Belastung, wie sie mit dem Berufsleben immer verbunden ist, sehr erschweren.

Bei derartigen Gemütsstörungen wird in der Regel ein kontinuierliches Erwerbsleben nicht möglich sein. Das große Problem in unserer heutigen Zeit ist nicht diese zuletzt genannte Form, sondern die depressive Erkrankung, die erst während des Arbeitslebens auftritt. Hierbei ist zu berücksichtigen, dass sich körperliche und seelische Erkrankungen gegenseitig beeinflussen. Wenn der Körper nicht mehr mitmacht und man gezwungen ist, sich zuweilen peinlichen und geradezu entwürdigenden Begutachtungen zu unterwerfen – mit dem Resultat, dass man zusätzlich auch finanzielle Einbrüche erlebt –, sind seelische Erkrankungen nicht fern. Durch die jahrzehntelange Tabuisierung psychischer Erkrankungen werden diese gerne – zumindest von einem Teil der Betroffenen – auf rein körperliche Erkrankungen »verschoben«. Zu berücksichtigen ist ferner, dass schwer depressiv Erkrankte in der Regel einen Fragebogen nicht beantworten und sich auch nur sehr selten einem mündlichen Interview stellen. Insofern wird in unseren Befragungsergebnissen das Ausmaß der Depression unter den ehemaligen Vulkanesen wahrscheinlich deutlich unterschätzt.

Depressionserkrankungen in Abhängigkeit vom Alter[a] (Anteile in %)

Alter (Jahre)	schwere Depression	depressive Episoden	Depression Gesamt
bis 39	2,0	14,3	16,3
40-49	4,1	18,6	22,7
50-59	7,2	28,9	36,1
60-69	3,8	25,6	29,4

[a] Angegeben ist die Prävalenz, d.h. der Anteil der Kranken (Krankenstand) einer bestimmten Symptomgruppe bezogen auf alle Befragten einer Altersgruppe.

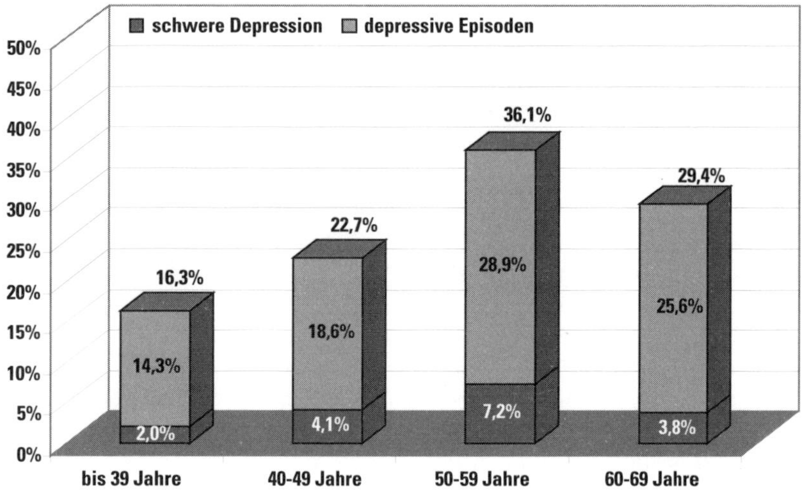

Bei der altersgruppierten Betrachtung der Depressionserkrankungen zeigt sich erneut die besonders prekäre Lage der 50- bis 59-Jährigen. Deutlicher noch als bei dem allgemeinen Gesundheitszustand leiden über ein Drittel dieser Altergruppe an Depressionen und mehr als 7% an schweren depressiven Erkrankungen. Bei den ab 60-Jährigen geht diese schwere Form auf fast die Hälfte zurück. Anzumerken ist: Wenn von depressiven Episoden die Rede ist, dann ist dies möglicherweise ein nicht ganz treffender Ausdruck. In den meisten Interviews kommen verschiedene, sich abwechselnde Emotionen zum Vorschein. Depressivität ist dabei nicht unbedingt der vorherrschende Gefühlszustand. Eher schon begegnete uns ein Schwanken zwischen Niedergeschlagenheit, Unruhe und verhaltener Aggressivität, in der sich Wut auf die ungerechte Behandlung durch bestimmte Institutionen ansammelt, sei es nun der neue Arbeitgeber, sei es die Arbeitsbehörde oder andere Institutionen. Diejenigen, die nach der Vulkan-Pleite Arbeit bekamen, standen unter dem Druck, diese auch zu behalten. Insbesondere wenn die Betroffenen schon älter und gesundheitlich angeschlagen waren, schienen die Sorgen nicht unangebracht. Kamen dann noch familiäre Probleme hinzu, gab es auch hier – trotz Arbeit – Situationen, in denen die persönlichen Ressourcen erschöpft waren:

»… nicht direkt Depressionen, aber ich war, wie soll ich sagen, sehr, sehr unruhig doch, und ich muss dazu sagen, ich hab Hilfe in Anspruch genommen … Ich konnte dann auch Psychosomatik-Kuren machen. Ich

hab's ja mit'm Rücken, hab' ich ja Dauerbeschwerden, das ist ja fest. Und dann das mit der Psyche. Diese Reha tat mir gut...« (35/16f.)

»Man steckt ja einiges weg, aber irgendwann ist Ende« – krank durch Arbeitslosigkeit

Schlimm wurde es für diejenigen, die ihre Arbeit aus Krankheitsgründen verloren. Sie kamen in eine »Mühle«, die sie als zermürbend erleben mussten:

»Meine Psyche, die ist total hin, also da kommt manchmal das Gefühl, dann möchst du alles zusammenwichsen. Ich mach es nicht, aber so'n Gefühl hast du, als..., als wenn du explodierst oder was. Hab ich früher nie gehabt, nie. Das wird immer schlimmer, das wird immer schlimmer. Du sitzt ja auch zuhause, weißt du, du kannst nix machen, wenn du irgendwo hingehst zum Arbeitsamt, die lachen dich aus. (...) Simulant bin ich, und das macht einem alles zu schaffen, du kannst nicht mehr arbeiten, du weißt nicht, wie das weiter geht. Wenn du in Hartz IV reinkommst, ... also ich kann auch nachts nicht richtig schlafen, ich bin nachts wach, bin am Grübeln, wie geht das weiter mit der Ehe und all so'n Kram. Und die Frau sagt auch: ›Also, seit du arbeitslos bist, bist du nicht mehr zu genießen‹. Ist auch so. Alles, die kleinste Fliege stört dich anne Wand. Du kannst ja..., es ist ja, als wenn du zum letzten Dreck gehörst. Und wenn du zum Arbeitsamt kommst und sagst so und so, ich wollt' 'ne Umschulung wollt ich machen, bekommst du gar nicht. Du bist zu alt: ›Was wollen Sie denn? Was wollen Sie denn? Nee, für solche wie Sie..., und Sie brauchen sonst auch nicht mehr sich melden beim Arbeitsamt, wir haben nichts, Sie kriegen ja doch soundso keine Arbeit mehr‹, und solche Dinge. Mir steht das bis Oberkante alles, ich muss ganz ehrlich sagen, 'n Strick nehmen und aufhängen, das ist das ...« (8/23-27)

Hier kommt eine Wut zum Ausdruck, eine Wut gegen Verhältnisse, in denen man einfach »abserviert« wird. Doch diese Wut kann sich nicht in einem politischen Widerstand kristallisieren, weil hierfür keine Strukturen vorhanden sind. Die gesellschaftliche Individualisierung wirft jeden Einzelnen auf sich zurück: Jeder kämpft – jedenfalls auf weiten Strecken – für sich allein.

Die psychischen Beeinträchtigungen, wie wir sie hier sehen, sind nicht »endogen«, sie haben eminent soziale Ursachen. Dies lässt sich anhand des qualitativen Materials, d.h. anhand unserer Interviews, vielfach belegen. Entscheidend ist oftmals nicht oder nicht nur die Arbeitslosigkeit an sich, sondern

a) die mitunter entwürdigenden Erfahrungen an neuen Arbeitsstellen und

b) das meist sehr verwickelte Zusammenspiel der verschiedenen Sozialversicherungsträger – oder sollte man sagen: ihr Gegenspiel? – auf Kosten des Versicherten.

Fast alle mündlich Befragten betonten, dass sie, sofern sie nicht schwer erkrankt waren, wohl bereit waren, eine zunächst deutlich schlechter bezahlte Arbeit anzunehmen, wenn sie ihnen angemessen und entwicklungsfähig erschien. Nur wenige nahmen Arbeiten an, die diesen Kriterien nicht entsprachen. Dies aber kann durchaus gesundheitlich negative Konsequenzen haben.

Unwürdige Behandlung durch Arbeitgeber...

Die folgende Sequenz bezieht sich auf einen jüngeren Arbeiter, der eine Facharbeiterausbildung auf dem Vulkan absolviert hatte und nach dessen Ende den – wie er heute sagt – »Fehler« beging, sich von der Arbeitsagentur in einen kleinen Betrieb vermitteln zu lassen, der ohne Betriebsrat und Gewerkschaftsmitgliedschaft den Einzelnen der Willkür des Arbeitgebers aussetzt:

»Ich hab in der neuen Firma gearbeitet, da hab ich drei Schichten gearbeitet, das war Akkordarbeit. Das Motto: ›Wer nicht taugt, geht weg.‹ Da muss man jeden Tag mit voller Kraft arbeiten. Wenn man z.B. 40 Stück schafft, bekommt man den Durchschnitt von 140%, und wenn man das nicht schafft, bekommt man weniger Geld. Der Stärkere siegt immer. (...) Ich wurde krank, war 40 Tage krank mit gelbem Schein. Ich hab sechs Jahre lang gut gearbeitet, so gut wie gar nicht krank gemacht, und das letzte Jahr, ich weiß nicht, also ich bekam alles durcheinander, mein Vater ist verstorben, alles kam durcheinander. Also ich weiß nicht, normalerweise hätte man sagen müssen: O.k., hier hast 'nen leichteren Job, ich hab immer Vollpower gearbeitet, also jeden Tag immer gepowert mit voller Kraft. Das geht auf die Kochen, das geht auf die Nerven. Akkord, also da hat man keine Zeit für Pause ..., die Pause wird durchgemacht.« (21/5 und 10)

Der Betroffene wurde krankheitsbedingt entlassen, und seine psychische Erkrankung verschlimmerte sich. Hier summieren sich viele Faktoren: der Verlust des sozialen Zusammenhangs bei Vulkan, die ungeschützte und entwürdigende Situation in dem neuen Betrieb, der Tod des Vaters und wiederum die völlig fehlende soziale Unterstützung durch das Unternehmen, welches nur an seiner Arbeitskraft interessiert war und jede Fürsorgepflicht schlicht unterlief, und schließlich das doppelte Versagen der Arbeitsbehörde, die Menschen ohne Rücksicht auf die konkrete Person in derartige Betriebe vermittelt und sich nach einem Scheitern selbstredend nicht dafür verantwortlich fühlt. Der Betroffene fühlte und fühlt sich völlig allein gelassen. Alle Indizien – so auch Berichte aus psychiatrischen Praxen in Bremen-Nord – sprechen dafür, dass dieser Fall leider kein Einzelfall ist.

Immer wieder können Prozesse beobachtet werden, die beim Betroffenen eine Spirale nach unten nach sich ziehen. Ein knapp 60-Jähriger, schwer Rückengeschädigter, der zwar wieder Arbeit auf einer Werft gefunden, aber aufgrund seiner Erkrankung Ausfallzeiten hatte und daran anschließend eine Krankheitskündigung erleben musste, berichtet nicht ohne Bitternis:

»Die ha'm mich zum Werksarzt geschickt, und der Werksarzt hat festgestellt, dass du krank bist, tatsächlich krank bist mit der Bandscheibe, und dass du im Schiffbau nicht mehr arbeiten kannst. Und wenn dieses anfängt, diese Dinge, dann können sie sagen: ›Du bist für uns nicht mehr tragbar, gesundheitsmäßig und arbeitsmäßig‹, aber das glaubte ich erst gar nicht. (...) Dann kam's zu einem Gespräch mit dem Personalchef, mit dem..., was ich denn da hatte, und wir beide uns so'n büschen da unterhalten haben drüber, und denn kam er auf einmal damit rüber, ob er's wollte oder nicht, ich weiß nicht, jedenfalls sagte er auf einmal zu mir: ›Und von deiner Sorte hab ich noch 20, 25, die muss ich unbedingt loswerden‹, und das war natürlich 'n großer Schock, ›Von deiner Sorte‹, nicht, wenn du so'ne Worte hörst. Hast dein Leben lang gearbeitet und denn wirst du zur ›Sorte‹ abgestempelt, ich glaube, das zieht rein in dem Moment. Ja, und dann ging das Leiden los mit Arbeitsamt, der Kampf mit den Behörden, und das ist auch grausam. Das kann man sich ja nicht so vorstellen am Anfang ...« (5/6-7)

Die zitierte Schilderung zeigt, wie realitätsfern die – durchaus von einer nicht geringen Anzahl von Experten vertretene – Annahme ist, das vermehrte Auftreten von Depressionen sei dem Umstand geschuldet, dass »psychisch labile« oder »vulnerable« Personen den »normalen« Härten der Arbeitswelt nicht gewachsen seien. Derartige Härten, wie sie hier geschildert werden, machen eine zunehmende Verrohung des Wirtschaftslebens deutlich. Diese Verrohung muss auch den stärksten und selbstbewusstesten Menschen nachhaltig negativ belasten und beeinträchtigen. Übrigens sind uns in der qualitativen Erhebungsphase krankheitsbedingte Kündigungen und anschließende qualvolle Behördenprozeduren mehrmals begegnet.

… und die Institutionen der Sozialversicherung vergiften die Seele

Ein Interviewpartner, dessen Erwerbsminderungsrente zeitweise ausgesetzt wurde, weil fälschlich eine Wiederherstellung unterstellt wurde, meldete sich bei der Agentur für Arbeit, welche »den Fall« wieder an die Rentenversicherung abgab. Unfasslich aber wahr: Der Mann bekam über Monate hinweg überhaupt kein Geld mehr, obwohl er überall vorsprach. Eine außerordentlich kontraproduktive Rolle spielte hierbei der Medizinische Dienst der Krankenkassen. Derartige Auseinandersetzungen trugen und tragen erheblich zur Verschlimmerung des gesundheitlichen Gesamtzustandes bei:

»Man steckt ja einiges weg, aber irgendwann ist Ende. Also … der Antrieb fehlt einem dann. Man hat keine Lust mehr. Man hat nicht mehr Lust, irgendwas zu machen, im Garten, weil … es kommt einem alles so unnütz vor. Wofür mach ich's noch? Es hat alles so recht keinen Sinn. Es sind viele Sachen so, die denn da mitspielen, aber was man gar nicht richtig registriert. Man meint alles so…, ja gut, das hast du weggesteckt, das Thema ist erledigt, aber es ist halt eben wohl..., innerlich wohl nicht.« (4/4)

Auch die Erfahrungen mit dem Versorgungsamt sind nicht geeignet, den ehemaligen Vulkanesen Gerechtigkeit angedeihen zu lassen:

»1989 habe ich schon 40% gekriegt auf einen Schlag. Und denn hab ich Ende der 90er Jahre noch mal wieder 'n Verschlimmerungsantrag gestellt aufgrund eben halt der Bilder. 1989 konnte man auf meinen Bildern noch sehen, dass ich noch Bandscheiben hatte, wenn nicht viel, aber es waren noch Bandscheiben da, und aufgrund der Bilder, meiner Schmerzen und meiner Verschlimmerung meiner Schmerzen, und eben halt auch meiner Häufigkeit, wo ich öfters und dann und länger krank geworden bin und auch zur Kur musste daraufhin, hab ich ... Das konnte man ja nachher auf den Bildern sehen, und man hat's mir ja auch gezeigt, und die Ärzte haben mir's erklärt: ›Da sind keine Bandscheiben mehr, da sind auch keine Hohlräume mehr zwischen, sondern … die Knochen reiben aufeinander.‹ Und daraufhin hab ich auch Osteoporose gekriegt, und da hab ich mir gesagt: ›Wenn das so weit ist, dann reichst du das ein.‹ Aber die nun, beim Versorgungsamt, die haben gesagt, es ist keine Verschlimmerung eingetreten, es wär' der gleiche Zustand wie 1989. Ablehnung. Wieder eingereicht. Da kann man mal sehen, dass mit aller Gewalt und mit allen Mitteln verhindert wird, dass sperren, irgendetwas anzuerkennen, auf irgendeiner Krankheit oder irgendwelcher Sachen anerkennen. Sie entscheiden einfach, obwohl sie doch Unterlagen haben, woraus hervorgeht, dass sich das

doch verschlimmert hat, aber sie sagen einfach, es ist nicht so, basta und fertig aus...« (5/15)

Der Medizinische Dienst der Krankenkassen (MDK) spielt bei erstaunlich vielen Interviewten eine wichtige und zugleich für die Betroffenen leidvolle Rolle.

»Ich war wegen der kaputten Bandscheiben – in der Arbeitslosigkeit – krankgeschrieben, und nach sechs Wochen tritt die Krankenkasse ein mit Krankengeld, und auf einmal kriegt' ich 'n Schreiben von'ne Krankenkasse, ich sei wieder gesund nach diesen sechs Wochen. Ich hab gelesen ... Ich zur Krankenkasse hingegangen und hab gefragt: ›Wieso bin ich gesund?‹ ›Ja, das hat der Medizinische Dienst entschieden. Steht doch da.‹ Ich sag': ›Nee, ich war bei keinem Medizinischen Dienst, also kann das auch kein Medizinischer Dienst entschieden haben.‹ ›Na ja, das machen wir ja nach Aktenlage‹... Ja, jedenfalls wollten sie nicht bezahlen. Kurz vor Weihnachten, überlegt euch das mal: kurz vor Weihnachten, und jetzt wollen die nicht bezahlen. Ich zum Arbeitsamt wieder hin und hab denen das erzählt, wie das gelaufen ist. ›Nee‹, haben die gesagt, ›das können wir nicht machen.‹ Das Arbeitslosengeld war ausgelaufen. Ich wieder zur Krankenkasse, mit der Krankenkasse gekämpft ...

Dann kriegte ich das Schreiben von'ner Krankenkasse, dass ich doch noch mal zum Medizinischen Dienst musste, und denn war ich bei diesem Amtsarzt da, und denn ... hab ihm genau aufgezählt, was er mit mir macht, weil jeder Arzt das Gleiche macht, und anschließend kriegst du denn diese Formulierung: ›Du bist zwar kaputt, aber Rente und sowas liegt nicht drin, weil Du noch irgendwas machen kannst.‹ Und denn kam er da genau drauf hin: ›Ja, Sie können doch noch was machen.‹ Ich sag: ›Was denn? Geben Sie mir 'ne Arbeit, geben Sie mir jetzt 'ne Arbeit, was ich noch machen kann‹. ›Ja, ich bin nicht das Arbeitsamt.‹ Ich sag: ›Ich war vorgestern beim Arbeitsamt, das Arbeitsamt hat zu mir gesagt: ›Was wollen Sie hier? Sie sind jetzt schon über 60, Sie sind jetzt schon 61, Sie sind doch viel zu alt, wir können Sie doch gar nicht vermitteln. Bei wem denn, und mit Ihrer Krankheit? Ich hab nix für Sie.‹ Ich sag: ›Und Sie sagen, ich soll arbeiten, wo die sagen, ich krieg nix, und Sie sagen, ich soll was arbeiten?‹ Ich sag: ›Was soll ich jetzt machen? Soll ich jetzt machen Bumm?‹ ›Ja, willst de mich erpressen?‹ ›Nee‹, sag ich. ›Ich will Sie nicht erpressen, bloß denn kann wenigstens meine Frau leben von ihrer Rente. Wenn ich jetzt das Arbeitslosengeld II kriege, krieg ich nämlich gar nix, und mit dem bisschen, was meine Frau verdient, können wir mit zwei Mann nicht leben.‹ Ja, und damit war's denn getan und denn Tschüss, und weg.« (5/8-10)

Der Erzählende wurde schließlich doch noch positiv begutachtet und ist inzwischen in die Frührente gegangen. Der »Fall« zeigt, durch welche Kämpfe und Krämpfe gesundheitlich geschädigte Menschen, die praktisch ihr ganzes Leben hart gearbeitet haben, gehen müssen, um eine halbwegs annehmbare und verkraftbare Lösung für sich zu finden. Hierbei ist zu berücksichtigen, dass die Gutachter im Rahmen der gegebenen Gesetze oftmals glauben, keinen Spielraum zu haben, und, wenn sie selbst unter Beobachtung stehen, vielleicht tatsächlich auch keinen Spielraum haben.

Dies verweist auf die strukturell ungerechte sozialpolitische Landschaft in Deutschland. Betrachtet man die öffentliche Diskussion um den demographischen Wandel, so gewinnt man den Eindruck, es gäbe nur noch gesunde Alte, die mit voller Produktivität arbeiten können. Doch dieser Eindruck trügt. Die oft verleugnete »Unterseite« von Wirtschaftswachstum und Wohlstand ist der jahrzehntelange Raubbau an der Gesundheit der Arbeitenden. Es geht darum, diese Tatsachen zu sehen und den betroffenen Menschen die Anerkennung entgegenzubringen, die ihnen gebührt.

»Simulanten« und »Lügner« – eine Verhöhnung der Kranken

Der folgende Interviewausschnitt illustriert die Situation eines ehemaligen Werftarbeiters, der bedingt durch schwere Wirbelsäulenschäden 2003 einen Unfall hatte und aufgrund einer darauf folgenden längeren Krankschreibung seine Arbeit in einem mittelständischen Betrieb verlor:

»Denn bin ich nachher ausgesteuert gewesen, hab versucht, Rente einzureichen, aber man simuliert ja, und auch mein Rücken und das alles, was ich hier auf'm Vulkan kaputt gemacht habe und auch bei der neuen Firma: Wir sind nur Simulanten. Da war ich bald über ein Jahr krank, ich konnt' mich überhaupt nicht bewegen, so hab ich das im Rücken und, ... ich kann auch im Garten, was meine Lieblingsbeschäftigung war, ich kann mich nicht mehr bücken, ich komm' auch gar nicht mehr ganz runter, wahnsinnige Schmerzen, aber was sagt der? Da wurd' ich hinbeordert nach dem Gutachter, und denn stand drinne, ich sollte die ganzen Unterlagen und alles, was ich hatte, und die ganzen Röntgenbilder, alles mitnehmen. So, und denn hat meine Frau mich denn da hingebracht, und denn bin ich nach oben, und ich muss sagen, das ist so'ne kleine Aktentasche, so'ne Umhängetasche, und da hab ich meinen Ordner und die ganzen Berichte, was alles von 2003 passiert ist,

das hab ich alles mitgenommen. Ja, und dann meinte er ja, ich würde simulieren und das hat er auch in den Bericht reingeschrieben, dass ich simulieren tu, und ich hätte ' ne ganze Einkaufstasche voll Berichte und Röntgenbilder mitgebracht. Das stand da auch noch im Bericht, das kann ich alles belegen, ja. Und dann bin ich letztes Jahr im Mai in'ne Reha gekommen, da wurden auch die ganzen Sachen behandelt, und das hat mir, muss ich ehrlich sagen, auch auf einmal gut getan, aber jetzt fängt das auch wieder an, das mit dem Rücken und das, und dann ha'm se da noch festgestellt, dass ich zwei Wirbelbrüche habe, das ist noch von einem Unfall von 1967, aber es sind keine Unterlagen mehr da, bei'e Krankenkasse nicht, bei'e BG nicht, der Durchgangsarzt ist tot, die ganzen Röntgenaufnahmen, die sind alle weg.« (8/5-6)

Die Interviews fast aller Ende-50-Jährigen sind voll von derartigen, an die Geschichten Franz Kafkas erinnernden Situationen: Es ist eine absurde, ausweglos erscheinende Welt voll autoritärer Ungerechtigkeiten, denen die Betroffenen ausgeliefert sind. Wir können nur einige wenige Berichte beispielhaft zitieren. Am bedrückendsten sind die Erfahrungen mit der zuständigen Berufsgenossenschaft (BG). Auch hier ist die Rechtslage strukturell ungerecht, denn die Geschädigten müssen nachweisen, dass ihre Schäden von der Arbeit kommen, während die BG bemüht ist, die damaligen Arbeitsbedingungen zu beschönigen und die so genannte haftungsbegründende Kausalität zu leugnen.

Bei Asbestbelastungen haben Erkrankte nur eine Chance, wenn sie eindeutige Unterlagen über ihre asbestbelastenden Tätigkeiten – ggf. auch mit Zeugenaussagen – beibringen können; obwohl die Nachbarschafts-Arbeitsplätze oftmals genauso belastend waren, wird dieser Nachweis hier schon schwieriger. Schweißer und Brenner, die in vielfältiger Weise gegenüber hoch-toxischen Rauchen und Gasen exponiert waren, haben kaum eine Chance, weil in Deutschland die lungenzerstörende Wirkung dieser Belastungen nicht auf der Berufskrankheiten-Liste vermerkt ist.[33]

Noch schlechter stellt sich die Lage dar im Zusammenhang mit Bandscheibenschäden. Obwohl diese, sofern sie durch langjähriges schweres Heben und Tragen verursacht sind, auf der offiziellen Berufskrankheiten-Liste verzeichnet sind, stellt sich die BG völlig quer und behauptet durchgehend, dass auf dem Vulkan diese Schwere der Arbeit nicht geherrscht habe und die Beschreibungen der Betroffenen »nicht nachvollziehbar« seien.

[33] In den skandinavischen Ländern sind derartige Zusammenhänge sehr wohl anerkannt. Vgl. dazu: Hien u.a. 2002: 27-38.

»Ja, und dieser Mensch, der kam daher und wollte sich jetzt mit mir unterhalten. Na ja, und denn kam er an und setzten uns dahin, und denn sagte er, ›Ja, ja, ich kenn' das ja alles‹, sacht er, ›die Ärzte, die Ärzte draußen, die sagen ja schon mal leicht, dass das von'ner Arbeit kommt, dieses Tragen und Heben‹. Weil, ich war vorher in Reha gewesen und da haben die Ärzte ja diese Schäden erst so richtig festgestellt ... Dieses Schreiben hat er ja gekriegt, und das auch wohl gehabt, und denn daraufhin sagte er: ›Ja, die entscheiden ja schnell mal, aber ich, ich kenn' ja den Schiffbau und weiß ja, was da so los is', und ich kann das beurteilen.‹ Er kann das beurteilen, und dann haben wir uns denn da auch darüber unterhalten, und im Laufe des Gespräches musste ich feststellen, dass er von meiner Arbeit oder meiner Tätigkeit, die ich da gemacht habe an den Brennmaschinen, Null Ahnung hatte, Null Ahnung. Er wusste da gar nichts von, und als ich so erklärte, dass man den Schrott auseinander brennen muss, über diese alte Pritsche gehen muss, in'ne Kiste schmeißen muss und wieder zurück, und dieses Bücken und Beschriften, man ist dabei ja immer über Kopf. Deckel rausheben, die in diesen Platten drin sind, Mannlochdeckel rausheben, ich muss mich bücken, muss wieder erst mal hochheben, muss die denn da rüber schleppen, muss den Schrott hochheben. Ich muss mich ja jedes Mal bücken, das ist ja, als wenn ich 'n Stück vom Fußboden hochhebe. Und denn steht man auf Winkel und kann ja noch nicht mal richtig stehen auf platter Erde, man steht ja zeitweise nur auf 5 mm Eisenwinkel. Da stehst du drauf und musst das alles da rüber schleppen und läufst ja auch darauf, und der Druck auf 'e Füße wird ja unwahrscheinlich, wenn ich jetzt mein Gewicht nehme, das Gewicht von dem Deckel nehme und denn nur 'n 5 mm Bereich unter meine Füße habe. (...) Klappte er sein Buch zusammen und sagte: ›Das kann ich nicht berechnen‹ und machte Schluss mit der Rederei. Ja, und dann, das Gutachten darauf, was wir denn zugestellt gekriegt haben, hieß es, ich hätte gelogen mit meiner Arbeitsplatzbeschreibung und dass, so wie ich das so erzählt habe, würde das alles nicht stimmen. Ja, und daraufhin haben wir ja noch mal Widerspruch eingelegt. Nochmals zu so'm Arzt, war noch nicht mal irgendwie 'n Orthopäde oder so was, war 'n ganz normaler Arzt der Medizin, arrogant bis zum Gehtnichtmehr. Dann wieder diese Auseinandersetzung mit diesem Menschen. Der kam auch gleich auf dieses Schreiben hin, ich bin 'n Lügner, und so arrogant, wie er einen behandelt hat, und DU sagte er gleich, und dann hab ich auch zu ihm gesagt: ›Wenn DU meinst, das ist so...‹ Ja, was soll ich machen, soll ich mich von ..., auch wenn's 'n Arzt ist, aber wenn der mich so behandelt, ich lass mich doch nicht niedermachen, so viel Stolz hab' ich noch, und

denn hab ich zu ihm gesagt: ›Wenn du meinst, dass das so ist, denn ist das eben halt so‹, und denn kam ja auch diese Begutachtung wieder von ihm: ›Ja, Rücken kaputt, alles kaputt, alles richtig, aber es käme nicht von'ner Arbeit‹. Er kam dann auf die Idee, ich hätte ein Hohlkreuz, und das würde von dem Hohlkreuz kommen, und dadurch würde die Bandscheiben, dieser Bandscheibenverschleiß eben halt kommen, und dazu muss ich sagen, er meinte das ja von der Jugend aus, dass wär' wohl schon von Geburt an. Aber das kann nicht sein, denn ich bin zur See gefahr'n und bei'e Seefahrt wirst du alle zwei Jahre durchgecheckt. Du musstest alle zwei Jahre zum Hafenarzt, und der hat dich auch von oben bis unten auf'n Kopf gestellt, aber wirklich auf'n Kopf gestellt, und der hat nie festgestellt, dass ich 'n Hohlkreuz hatte... Und ich habe dann nach meiner Seefahrt bei der AG Weser gearbeitet, die hatten einen Werksarzt, der hat mich untersucht, der hat auch kein Hohlkreuz festgestellt. Dann bin ich von der AG Weser aus zum Vulkan gegangen, die hatten auch einen Werksarzt, der hat mich untersucht, und der hat auch nichts festgestellt von einem Hohlkreuz ... Und daher finde ich alle diese Sachen, die da laufen, das sind Lügen, abgekartete Spiele eben halt, oder diese Ärzte werden von der Berufsgenossenschaft bezahlt, damit sie eben falsche Gutachten ausstellen.« (5/11-14)

Fast haargenau gleich lesen sich die Berichte weiterer ehemaliger Vulkan-Kollegen, die sich auf dem Vulkan – und teilweise auch danach in anderen Firmen – ihren Rücken kaputt gearbeitet haben und nunmehr als Lügner diskriminiert werden. Die Rechtsmaterie ist schwierig, die Rechtsvertretung durch die Gewerkschaft ist in diesen Fällen überfordert und erfolglos, gute Rechtsanwälte, die sich auf diesem Gebiet auskennen, sind so rar wie unbezahlbar, und so findet diese augenscheinliche Ungerechtigkeit kaum Korrekturen.

Wenn der Fachmann der Berufsgenossenschaft sagt: »Das kann ich nicht berechnen«, so offenbart er damit nur die Unfähigkeit eines logischen Systems, das wirkliche Leben zu verstehen. Das wirkliche Leben, auch und gerade das Arbeitsleben, muss mit all seinen Facetten, seinen Ungereimtheiten, Widersprüchlichkeiten und Paradoxien als ein eher »antilogisches« Geschehen[34] denn als ein von logischen Gesetzen und Abfolgen bestimmtes Leben verstanden werden. Belastungserhebungen und Arbeitsanamnesen müssten in ihrem Methoden dem wirklichen Leben angepasst werden, und nicht umgekehrt. Auch wenn der hier Betroffene »nicht aufgeben« will, so machen sich auch bei ihm negative psychische und psychosomatische Folgen bemerkbar:

---

[34] Rattner/Danzer 1997: 71f.

»All die Jahre, durch 'ne hohe Anzahl von Stress-Situationen ..., ja, man stand ja immer unter Volldampf dann, wenn du diese Schreiben gelesen hast, und wenn du das gekriegt hast, hast du dich jedes Mal wieder geärgert, und denn kochte das Blut hoch, und denn warst du aber richtig ..., weil du diese Ungerechtigkeit ja nicht verstehen konntest.« (5/17)

Der zitierte – und vor dem Hintergrund des empirischen Gesamtmaterials keinesfalls übertriebene – Bericht macht einen weiteren Umstand deutlich: Die Begutachtungsmedizin tat und tut ein Übriges, den ohnehin Geschädigten weiteres Leid zuzufügen. Die Gründe hierfür sind vielfältig. Die neuere Medizingeschichte ist geradezu gekennzeichnet durch den immer wieder aufkeimenden Versuch, Medizin als politische Medizin im Sinne übergeordneter Interessen – früher hieß es »Volkskörper« – zu inthronisieren.[35] Auch wenn sich die Erscheinungsform des modernen Arztes geändert hat, so sind in Form seiner sozialen Position und seiner sozialen Rolle dennoch Triebkräfte am Werk, deren Hauptkalkül eben nicht auf das Wohl des Einzelnen, sondern auf das »Wohl des Ganzen« gerichtet ist.

Freilich braucht man heute keine rassistischen Floskeln mehr; der Biologismus und Sozialdarwinismus setzt sich schlicht und einfach über ökonomische Denkgerüste durch. Der Wert des Menschen bemisst sich nach seiner Leistungsfähigkeit. Wer nicht mehr leistungsfähig ist, der ist für die Gesellschaft ein nutzloser Kostenfaktor, und seine Ansprüche müssen klein gemacht, so weit wie möglich heruntergekocht werden. Eine Verantwortung oder gar Fürsorge für Geschädigte, Kranke und Alte wird als antiquiert abgelehnt.

Auch unsere Rechtsetzung folgt seit einigen Jahren diesem neoliberalen Modell. Der Arzt – glücklicherweise gibt es viele Ausnahmen – und insbesondere der begutachtende Arzt begreift seine Rolle im Sinne dieser ideologischen und rechtlichen Vorgaben. Er tut dies in dem Bewusstsein, zu einer höheren und damit berufeneren Klasse zu gehören.

Der Medizinsoziologe Paul Lüth[36] beschreibt anhand des Begriffs der »Sozialdiagnose« sehr plastisch die Interaktion zwischen Patient und Arzt. Schon wenn der Patient durch die Tür kommt, beginnt die Sozialdiagnose des Arztes. Ist er – der Patient – unterwürfig, akzeptiert er seinen sozial niedrigeren Status, oder ist er selbstsicher und souverän? Wenn er dies ist, muss anhand der Körperbewegungen, der

---

[35] Hien 2006: insbes. 69-78.
[36] Lüth 1986:, 150ff.

Kleidung und selbstverständlich anhand der Sprache geprüft werden, ob diese Souveränität den sozialen Tatsachen entspricht. Unwillkürlich, ja fast unbewusst, erkennt der Arzt, ob es sich um einen Angehörigen der Oberschicht, der Mittelschichten oder einen Vertreter der »unteren Schichten« handelt. Ist letzteres der Fall, so kommt sogleich die – innere – Frage: Ist er ein »Aufschneider« oder gar ein »Aufsässiger«? In dieses Schema passt auch die unverschämte Unterstellung des Simulantentums. Die herablassende und herabwürdigende Behandlung des Hilfesuchenden durch den Arzt soll jenem unmissverständlich klar machen, wer das Heft in der Hand hat. Es soll einschüchtern und unterwürfig machen. Dass damit weitere Krankheiten erzeugt werden, ist gleichsam Teil des Systems. Die nicht Leistungsfähigen sind ohnehin »abgeschrieben«.

6. Gesundheit in Abhängigkeit von sozialer Lage und Befindlichkeit – eine Datenanalyse

Arbeitslosigkeit, Einkommen und Gesundheit

Schon seit der ersten großen Studie zu den menschlichen Folgen der Arbeitslosigkeit Anfang der 1930er Jahre[37] weiß man, wie sehr der Verlust von Arbeit und Einkommen bisher völlig gesunde Menschen aus der Bahn werfen kann. Aus der neueren arbeits- und gesundheitswissenschaftlichen Forschung[38] ist wohlbekannt, dass ein deutlicher Zusammenhang zwischen Arbeitslosigkeit und niedrigem Einkommen einerseits und erhöhten Krankheitsraten, insbesondere Depressionserkrankungen, andererseits besteht.

Arbeitslose leiden zwei- bis dreimal so häufig an Depressionen und psychosomatischen Erkrankungen, wobei Frauen ein etwa zweifaches Risiko und Männer ein etwa dreifaches Risiko aufweisen. Der Geschlechtsunterschied wird damit erklärt, dass bei Männern die Arbeit – und damit verbunden die Rolle des Haupternährers in der Familie – einen immer noch höheren Stellenwert einnimmt als bei Frauen. Interessant ist, dass in den meisten Studien bei Erwerbslosen keine größere Alkoholabhängigkeit besteht als bei Erwerbstätigen.

Im Folgenden werden zunächst Zusammenhänge zwischen dem sozialen Status und der Gesundheit untersucht, wie sie sich aus den Daten der schriftlichen Befragung ergeben. In Querschnittsstudien – wie der hier vorliegenden – hat sich die Berechnung der so genannten Odds Ratios (OR) als hilfreich herausgestellt.[39] Diese geben die Stärke des Zusammenhangs an, der dann im Sinne eines Risikos interpretiert werden darf, wenn eine kausale Beziehung plausibel gemacht werden kann. Diese ist zwischen den Merkmalen des sozialen Status und der Gesundheit wissenschaftlich gut belegt.

So wissen wir aus vielen internationalen Studien, dass mit fallendem Status und fallendem Einkommen der Gesundheitszustand schlechter wird.[40]

---

[37] Jahoda/Lazarsfeld/Zeisel 1933/1975.
[38] Z.B. Virtanen u.a. 2003; Rose/Jacobi 2006.
[39] Vgl. Kreienbrock/Schach 1995: 74ff.
[40] Einen guten Überblick gibt Marmot 2004.

Einen ersten Anhaltspunkt gibt hier der Vergleich der Prävalenzen. Mit Prävalenz wird der Anteil der Kranken (Krankenstand) in einer bestimmten Symptomgruppe bezogen auf alle Befragten dieser Kategorie (z.B. feste Arbeit) bezeichnet. So geben z.B. 14,2% derjenigen, die in fester Arbeit stehen, einen schlechten oder sehr schlechten Gesundheitszustand an.

Bei den Arbeitslosen beträgt dieser Anteil 38,5%, das ist mehr als das Dreifache. Dieses Prävalenzverhältnis ist jedoch nur eine erste Annäherung, wenn wir die Stärke des Zusammenhangs berechnen wollen. Das Odds Ratio (OR) geht von den konkreten Fallzahlen aus, wobei der Status mit der niedrigsten Prävalenz als OR = 1,0, d.h. als Referenzwert – gleichsam als jeweilige »Basislinie« – gesetzt wird. Aber auch dieses »rohe« OR ist noch nicht als End-Aussage geeignet; es muss rechnerisch noch bereinigt – adjustiert – werden, d.h. aus dem Ergebnis sind bei allen Fragen die Einflussfaktoren Geschlecht, Alter und Einkommen, und bei der Frage nach der Abhängigkeit der Gesundheit vom Einkommen Geschlecht und Alter herausgerechnet. Am wichtigsten hierbei ist die Frage der unterschiedlichen Altersverteilung zwischen Studien- und Vergleichsgruppe. Dies bedeutet: Der Umstand der mit höherem Alter allgemein schlechter werdenden Gesundheit (»Altersgang«) muss berücksichtigt und ggf. herausgerechnet werden, um zu einer sinnvollen Aussage über die Abhängigkeit zwischen Status und Gesundheit zu kommen.

So bekommen wir beispielsweise für die Frage, um wie viel mal höher die schlechte Gesundheit durch Arbeitslosigkeit bedingt ist, ein adjustiertes OR von knapp 3,5. Nun ist noch die Frage, ob die geringe Fallzahl ausreicht, die natürliche statistische Schwankung zu überwinden, oder anders ausgedrückt: Kann mit einer gewissen statistischen Sicherheit (man nimmt hier in der Regel eine 95%ige Aussagewahrscheinlichkeit an) ausgeschlossen werden, dass das erhöhte OR zufallsbedingt ist? Die Beantwortung dieser Frage wird mit der Berechnung des statistischen Vertrauensbereichens (VB) erreicht, d.h. wenn die untere Vertrauensgrenze größer als 1 ist, kann das Ergebnis als nicht-zufällig (als statistisch »signifikant«) betrachtet werden. Liegt sie auf 1,0 oder, wie in unserem, Fall, knapp darunter, so lässt sich sagen, dass die Signifikanz beinahe erreicht ist. Der Umgang mit Zahlen darf nicht schematisch erfolgen. Man muss die Ergebnisse in ihrer Gesamtheit bewerten und z.B. darauf schauen, ob es einen »Trend« gibt. Derartige Trends können in unserem Material durchaus ausgemacht werden.

Schlechter/sehr schlechter Gesundheitszustand in Abhängigkeit vom Erwerbsstatus und Einkommen

Status	Anzahl	Prävalenz[a] in %	OR[b]/(VB)[d]	OR-adj.[c] / (VB)[d]
feste Arbeit	32	14,2	1,0	1,0
befristete Arbeit	3	15,0	1,06 / (0,30-3,84)	1,66 / (0,39-7,15)
arbeitslos	15	38,5	**3,48** / (1,66-7,27)	3,86 / (0,97-15,34)
verrentet	18	23,4	1,84 / (0,98-3,49)	1,73 / (0,48-6,24)
mehr als 3.000 Euro	–	–	–	
1.500-3.000 Euro	14	11,2	1,0	1,0
weniger als 1.500 Euro	24	25,3	**2,90** / (1,42-5,94)	**3,01** / (1,34-6,80)

Rückenerkrankungen (mind. 3 Monate Rückenschmerzen) in Abhängigkeit vom Erwerbsstatus und Einkommen

Status	Anzahl	Prävalenz[a]	OR[b]/(VB)[d]	OR-adj.[c] / (VB)[d]
feste Arbeit	89	37,6%	1,0	1,0
befristete Arbeit	10	50,0%	1,66 / (0,67-4,15)	1,75 / (0,62-4,93)
arbeitslos	25	56,7%	**2,19** / (1,14-3,20)	1,71 / (0,61-4,85)
verrentet	50	60,0%	**2,31** / (1,40-3,82)	1,32 / (0,57-3,08)
mehr als 3.000 Euro	7	30,4%	1,0	1,0
1.500-3.000 Euro	45	34,9%	1,22 / (0,42-3,20)	1,25 / (0,47-3,56)
weniger als 1.500 Euro	62	56,4%	**2,95** / (1,13-7,75)	2,37 / (0,85-6,57)

Depression in Abhängigkeit vom Erwerbsstatus und Einkommen

Status	Anzahl	Prävalenz[a]	OR[b]/(VB)[d]	OR-adj.[c] / (VB)[d]
feste Arbeit	58	24,2%	1,0	1,0
befristete Arbeit	5	26,3%	1,12 / (0,39-3,25)	1,76 / (0,54-5,66)
arbeitslos	25	58,2%	**4,13** / (2,12-8,03)	**5,04** / (1,65-15,43)
verrentet	19	22,9%	0,94 / (0,52-1,67)	1,23 / (0,44-3,40)
mehr als 3.000 Euro	1	–	–	–
1.500-3.000 Euro	26	20,9%	1,0	1,0
weniger als 1.500 Euro	34	33,4%	**2,05** / (1,16-3,63)	**2,04** / (1,06-3,92)

[a] Prävalenz = Anteil der Kranken (Krankenstand) in einer bestimmten Symptomgruppe bezogen auf alle Befragten dieser Kategorie (z.B. feste Arbeit). [b] Odds Ratio = das relative Risiko einer belasteten Gruppen, eine bestimmte Erkrankung zu erleiden, im Vergleich zu einer weniger oder nicht belasteten Gruppe. [c] OR ist adjustiert, d.h. aus dem Ergebnis sind bei allen Fragen die Einflussfaktoren Geschlecht, Alter und Einkommen, und bei der Frage nach der Abhängigkeit der Gesundheit vom Einkommen Geschlecht und Alter herausgerechnet. [d] VB = statistischer Vertrauensbereich von 95%, d.h.: wenn die untere Vertrauensgrenze größer als 1 ist, kann das Ergebnis als nicht-zufällig (als »signifikant«) betrachtet werden.

Der soziale Status und das Einkommen haben einen deutlichen Einfluss auf den Gesundheitszustand. Die Befragungsergebnisse der vorliegenden Studie zeigen, dass das Risiko eines schlechten Gesundheitszustandes im Vergleich zu fester Arbeit bzw. einem damit erzielbaren mittleren Einkommen bei Arbeitslosigkeit und Einkommensverlust auf das dreifache Maß und höher ansteigt. Altersbereinigt ist das Risiko knapp vierfach und fast signifikant. Aus den mündlichen Interviews – den qualitativen Daten – wissen wir, dass sich trotz medizinisch »objektiv« schlechter Gesundheit bei Rentnern, die mit ihrer Situation sozial und finanziell zufrieden sind, auch ihre subjektive Gesundheit wieder verbessert. Das sehen wir auch in den quantitativen Befragungsdaten: Berentete Personen erleben – altersstandardisiert – zwar auch eine Verschlechterung ihrer Gesundheit, doch ist dieses Risiko nicht mehr so stark wie bei Arbeitslosen. Bei den Rückenerkrankungen lässt sich bei Arbeitslosigkeit und Rente ein zweifaches und bei Einkommensverlust ein dreifaches Risiko feststellen, welches aber bei Altersadjustierung nicht mehr signifikant ist. Die höchsten und besorgniserregenden Risiken zeigen sich bei der Depression: Einkommensverlust verdoppelt das Risiko, und Arbeitslosigkeit erhöht das Risiko um das Vierfache, bei Altersadjustierung sogar auf das Fünffache. Befristete Arbeit erhöht bei subjektiver Gesundheit, Rückenerkrankungen und Depressionen ebenfalls das Risiko, doch ist dies aufgrund der beschränkten Fallzahl nicht signifikant.

Die Frage nach der Kausalität – sind Arbeitslosigkeit und Einkommensverlust möglicherweise durch die schlechte Gesundheit verursacht? – ist in einer Querschnittsstudie immer gerechtfertigt. Doch sehen wir anhand des qualitativen Materials, dass die ehemalige Vulkan-Belegschaft eher einen Hang zur Krankheitsverleugnung hat, um arbeitsfähig zu sein, als durch Krankheit einen Arbeitsplatz zu verlieren. Dennoch dürfte es Wechselwirkungen geben zwischen Krankheit und Arbeitslosigkeit bzw. Einkommensverlust, insbesondere dann, wenn der Körper »nicht mehr mitspielt«. Die Kausalitätsfrage wird insbesondere bei psychischen Erkrankungen diskutiert. Es geht hierbei um die gelegentlich diskutierte Vermutung, dass depressiv gestimmte Personen schwerer Arbeit finden oder eine Arbeit schneller verlieren als nicht depressiv Gestimmte. Die Ergebnisse unserer qualitativen Erhebungen erhärten die Hypothese, welche die Kausalitäten eher in umgekehrter Weise auffasst: Der Verlust des Arbeitsplatzes verursacht Depressionen. Eine Ehefrau, deren Mann sich nicht zu einem Interview in der Lage sah, schrieb uns:

»Mein Ehemann hat seit 1972 als E-Schweißer auf dem Bremer Vulkan regelmäßig in Nachtschicht seine schwere Arbeit erledigt. Er musste auf Bauch- und Rückenlage in den engsten Löchern oder auf seinen Knien herumrutschen. In Hitze wie in Kälte. Durch die Nachtschicht wurde auch unser Familienleben sehr beeinträchtigt. Die Kinder konnten nur sehr selten ihren Vater sehen. Und dann kam die Vulkan-Pleite. Mein

Mann wurde depressiv und mutlos. Er hat nach 25 Jahren seinen Arbeitsplatz verloren. Er kommt bis heute nicht damit zurecht. Jetzt leidet erst recht die Atmosphäre in der ganzen Familie darunter. Mein Mann, der immer freundlich und lustig war und der immer gerne zur Arbeit ging, ist heute ein zerbrochener Mann. Durch die schwere Arbeit hat er viele gesundheitliche Probleme davongetragen wie z.B. Bandscheibenvorfälle, Gelenksschäden, Magengeschwüre, und vieles mehr. Wie sollte er damit noch Arbeit finden? Seine vielen Versuche blieben erfolglos, weil er zum Arbeiten zu alt und zu krank war. Sein Leben war das Arbeiten für den Bremer Vulkan. Was danach kam, hat er nicht verkraftet. Er fühlt sich nutzlos und überflüssig.« (Brief einer Ehefrau)

Das persönliche Drama, das viele ehemalige Vulkanesen nach der Betriebspleite haben erleben müssen, aber auch die Gesamtumstände, wie sie sich für die Betroffenen darstellten, sind in diesen wenigen Zeilen – beeindruckend und bedrückend zugleich – festgehalten. Die Erfahrungen auf dem Arbeitsmarkt, aber auch auf den »Ämtern«, führten bei vielen Betroffenen zu Verbitterung und Resignation. Wie schon in unserer ersten Studie müssen wir annehmen, dass eine relevante Anzahl ehemaliger Vulkan-Beschäftigter in einem Maße resigniert ist, das ihnen nicht erlaubt, über ihre Lage zu sprechen. Daher ist davon auszugehen, dass wir das Ausmaß der tatsächlich vorhandenen Depressionserkrankungen in unserer Studie wahrscheinlich unterschätzen. Zugleich erhärtet sich der Verdacht, dass die den harten Arbeitsbedingungen geschuldeten körperlichen Beeinträchtigungen ein zusätzliches Risiko für seelische Erkrankungen darstellen.

Die Verrohung unseres Wirtschaftslebens muss – wenn immer wieder negative Erfahrungen gemacht werden – auch den stärksten und selbstbewusstesten Menschen nachhaltig negativ belasten und beeinträchtigen. Wie wir gesehen haben, mussten nicht wenige ehemalige Vulkanesen, nachdem sie endlich wieder Arbeit gefunden hatten, die Erfahrung krankheitsbedingter Kündigungen und anschließender qualvoller Behördenprozeduren durchmachen. Dies blieb nicht ohne Folgen für die Psyche. Selbstverständlich gibt es immer auch Menschen, denen es in ihrem Selbstwertgefühl – zunächst einmal – nichts anhaben kann, dass sie unangemessen und diskriminierend behandelt wurden. Ein Mitte-50-Jähriger mit schweren gesundheitlichen Einschränkungen berichtet:

»Es gibt Situationen, da muss meine Frau mich einfangen, weil ich um 22 Uhr auf einmal hier anfang' zu rennen, durch die Wohnung auf und ab, dann in die Garage. (…) Diese Trottels vom Arbeitsamt … Da kannst du nur so …, da könntest du einfach was reinschmeißen, das

Ding. (…) Jedesmal die Frage: ›Suchen Sie noch Arbeit?‹ Immer wieder, immer wieder, oder ›Wenn Sie sich nicht bewerben, dann machen wir das und das.‹ Jedes Schriftstück – das ist dieser Aktenordner da – jedes Schriftstück: Drohungen und Bedrohungen! Immer nur Theater. (…) Die warten nur auf ein falsches Wort oder einen falschen Satz. Da warten die drauf …« (26/32f.).

Auf Dauer – und es ist völlig klar, dass ein körperlich angeschlagener Mitte-50-Jähriger keine Chance auf einen vernünftigen Arbeitsplatz hat – machen diese zermürbenden Erfahrungen müde. Schicht für Schicht des »dicken Fells« wird abgetragen, bis irgendwann »die Nerven blank liegen«. Die persönlichen Ressourcen erleben so gesehen eine Erosion.

Wechselwirkungen zwischen Befinden, Orientierungen und Gesundheit

Im Folgenden werden Zusammenhänge zwischen der Befindlichkeit – Zufriedenheit, Druck und Sinn – einerseits und der Gesundheit andererseits untersucht. Wie bereits weiter oben und einleitend zur Zusammenhangsanalyse zwischen Status und Gesundheit erläutert worden ist, werden auch hier Prävalenzen und Odds Ratios angegeben. Doch ist die kausale Interpretation schwieriger als beim sozialen Status, denn Unzufriedenheit kann ebenso schlechte Gesundheit erzeugen wie umgekehrt schlechte Gesundheit auch Unzufriedenheit nach sich ziehen kann. Wer unter einer schlechten Gesundheit leidet, steht zwangsläufig auch unter einem erhöhten Druck, seine Arbeit zu behalten.

Etwas anders ist dieser Zusammenhang oder diese Wechselwirkung bei der Sinnfrage. Hier ist anzunehmen, dass eine schlechte Gesundheit die Einstellung zum Arbeits-Sinn nicht negativ beeinflusst, im Gegenteil: Gerade die schwer Erkrankten betonten in den mündlichen Interviews, wie sehr sie in der Arbeit einen Sinn sahen und wie gerne sie wieder arbeiten würden, wenn sie dies gesundheitlich könnten. Dies äußert sich auch in der Tatsache, dass bei denjenigen, die einen schlechten oder sehr schlechten Gesundheitszustand aufweisen, ausnahmslos alle in der Arbeit einen hohen Sinn sehen. Interessant ist die Sinnfrage nun in folgender Weise: Trägt die Einstellung oder die Orientierung, der Arbeit einen sehr hohen Wert für den Lebenssinn beizumessen, positiv zur Gesundheit bei? Dies jedenfalls wird mehrheitlich in den Gesundheitswissenschaften so gesehen. Unsere Ergebnisse lassen daran zweifeln. Leider waren die Fallzahlen manchmal so klein oder gar Null, sodass eine Berechnung dann nicht möglich war.

Schlechter/sehr schlechter Gesundheitszustand in Abhängigkeit von der Befindlichkeit

Befindlichkeit	Anzahl	Prävalenz in %	OR[a] / (VB)[b]	OR-adj.[c] / (VB)[d]
zufrieden m.d. jetz. Situation	6	6,6	1.0	1,0
teils zufrieden	12	13,1	2,30 / (0,88-6,32)	1,78 / (0,61-5,20)
unzufrieden	25	35,9	**7,80** / (3,00-20,35)	**4,48** /(1,47-13,65)
kein Druck wegen der Arbeit	9	14,1	1,0	1,0
teils unter Druck	12	12,8	0,80 / (0,33-2,00)	0,78 / (0,28-2,19)
unter Druck	18	22,1	1,64 / (0,71-3,76)	1,48 / (0,57-3,84)
immer Sinn i.d. Arbeit ges.	37	19,1	–	–
teils Sinn	1	–	–	–
keinen Sinn	2	–	–	–

Rückenerkrankungen (mind. drei Monate Rückenschmerzen) in Abhängigkeit von der persönlichen Befindlichkeit

Befindlichkeit	Anzahl	Prävalenz in %	OR[a] / (VB)[b]	OR-adj.[c] / (VB)[d]
zufrieden m.d. jetz. Situation	28	28,0	1,0	1,0
teils zufrieden	42	46,2	**2,00** / (1,12-3,85)	1,82 / (0,94-3,54)
unzufrieden	48	61,5	**4,11** / (2,19-7,74)	**3,66** / (1,67-8,00)
kein Druck wegen der Arbeit	23	35,9	1,0	1,0
teils unter Druck	28	28,9	0,82 / (0,43-1,57)	1,01 / (0,49-2,12)
unter Druck	64	65,2	**3,53** / (1,85-6,75)	**4,23** / (2,02-8,87)
immer Sinn i.d. Arbeit ges.	87	42,6	1,0	1,0
teils Sinn	15	32,5	0,59 / (0,30-1,15)	1,02 / (0,48-2,19)
keinen Sinn	6	60,0	1,82 / (0,50-6,65)	2,31 / (0,58-9,33)

Depression in Abhängigkeit von persönlichen Einstellungen

Befindlichkeit	Anzahl	Prävalenz in %	OR[a] / (VB)[b]	OR-adj.[c] / (VB)[d]
zufrieden m.d. jetz. Situation	11	11,6%	1,0	1,0
teils zufrieden	21	21,2%	2,13 / (0,97-4,70)	2,30 / (0,98-5,38)
unzufrieden	39	50,7%	**8,12** / (3,76-17,53)	**8,19** / (3,25-20.63)
kein Druck wegen der Arbeit	11	16,5%	1,0	1,0
teils unter Druck	18	18,6%	1,18 / (0,52-2,67)	1,34 / (0,54-3,80)
unter Druck	40	39,6%	**3,34** / (1,56-7,14)	**3,40** / (1,46-7,91)
immer Sinn i.d. Arbeit ges.	62	29,5 %	1,0	1,0
teils Sinn	7	15,2%	0,44 / (0,19-1,04)	0.64 / (0,26-1,58)
keinen Sinn	3	30,2%	1,06 / (0,27-4,22)	1,03 / (0,25-4,26)

[a] Prävalenz = Anteil der Kranken (Krankenstand) in einer bestimmten Symptomgruppe bezogen auf alle Befragten dieser Kategorie (z.B. feste Arbeit). [b] Odds Ratio = das relative Risiko einer belasteten Gruppen, eine bestimmte Erkrankung zu erleiden, im Vergleich zu einer weniger oder nicht belasteten Gruppe. [c] OR ist adjustiert, d.h. aus dem Ergebnis sind bei allen Fragen die Einflussfaktoren Geschlecht, Alter und Einkommen, und bei der Frage nach der Abhängigkeit der Gesundheit vom Einkommen Geschlecht und Alter herausgerechnet. [d] VB = statistischer Vertrauensbereich von 95%, das heißt, wenn die untere Vertrauensgrenze größer als 1 ist, kann das Ergebnis als nicht-zufällig (als »signifikant«) betrachtet werden.

Die Berechnungen der Risikobeziehungen zwischen dem persönlichen Befinden bzw. den persönlichen Einstellungen und dem Gesundheitszustand zeigen deutliche Ergebnisse: Der Zusammenhang zwischen Unzufriedenheit und schlechter Gesundheit ist achtfach und altersbereinigt immer noch vierfach erhöht. Druck erhöht ebenfalls das Risiko, aber nicht signifikant. Hier muss eingeräumt werden, dass Unzufriedenheit und Depressivität einander in hohem Maße inhaltlich entsprechen oder doch zumindest in einer engen Wechselbeziehung stehen. Bei der Frage, ob Druck als ursächlicher Faktor für depressive Erkrankungen gesehen werden kann, ist die Kausalität plausibel. Denn es wird kaum so sein, dass sich depressiv gestimmte Personen stärker unter Druck fühlen als andere, d.h. eine Depression ist immer auch ein Gefühl der Niederlage vor dem übermäßigen Druck, dem man nicht mehr standhalten konnte (die Sinnfrage ergibt aufgrund der niedrigen Fallzahl derer, die wenig oder keinen Sinn in der Arbeit sehen, keine Ergebnisse).

Das Risiko von Rückenerkrankungen ist bei Unzufriedenheit und bei Druck vierfach erhöht, das Risiko von Depressionserkrankungen ist bei Unzufriedenheit achtfach und bei Druck dreifach erhöht, wobei sich bei beiden Einflussfaktoren eine klare Dosis-Wirkungsbeziehung abzeichnet. Insgesamt kann zwar eine Querschnittsanalyse, wie wir sie hier vorgenommen haben, nicht mit letzter Sicherheit die Frage beantworten, ob Arbeitslosigkeit, Einkommensverlust und das dauernde Unter-Druck-Stehen Krankheit verursacht oder umgekehrt zur Krankheit neigende Personen auf dem Arbeitsmarkt einen schwereren Stand haben. Doch ist es aufgrund unserer qualitativen Daten sehr plausibel und wahrscheinlich, dass im überwiegenden Fall die sozialen Belastungen durch drohende oder eingetretene Arbeitslosigkeit und den damit verbundenen Status- und Einkommensverlust, nicht zuletzt die vielfältigen seelischen Verletzungen durch die Institutionen, die in Rede stehenden Erkrankungen verursachen oder deren Auftreten fördern. Vor dem Hintergrund der qualitativen Daten, deren Essentials bereits dargestellt wurden, lässt sich feststellen: Der Druck und die damit einhergehende Unzufriedenheit machen krank.

Selbst dann, wenn es gelingt, in irgend einer Weise einen Ausweg zu finden, beispielsweise in eine Alters- oder Erwerbsminderungsrente zu gehen, bleiben negative Erinnerung und immer auch ein Stück Verbitterung. Sehr bezeichnend war das Ende eines Interviews, innerhalb dessen es um sehr viele dieser seelischen Verletzungen ging:

B: »Die Familie war denn der Rückhalt, bis heute, ja, und stark gemacht hat auch die Unterstützung durch die Freunde, das gab ja immer

Aufbau und Zusammenhalt, und das stärkt einem ja auch den Rücken, wenn du weißt, du hast da 'n paar Freunde, die denn auch gesagt haben: ›Komm her, weiter, komm, komm, komm. Steck den Kopf nicht in' Sand‹ oder so, ›das schaffen wir schon‹, ja.«

I: »Ja, das ist ein gutes Schlusswort.«

B: »Nein, an und für sich nicht. Denn: Wenn ich so in die Zukunft reinschaue, man sieht das ja jetzt: Meine Frau ist, geht in Altersteilzeit, hat im halben Jahr Schluss, und wir beide freuen uns darauf, auf dieses Leben hin, aber trotz allem, wenn man dieses alles, was man Negatives erlebt hat, auch verdrängt und sagt: ›Jetzt ist das schön‹, aber die Narben bleiben.«

I: »Ja, das kann man, glaub ich, auch so getrost übernehmen jetzt als Schlusswort, dass das einfach so ist. Und man hofft ja, dass diese Narben, dass sie nicht wieder aufbrechen.«

B: »Genau, ja. Aber die Narben bleiben.« (5/27f.)

Nachdenkliches zur Sinnfrage: Es ist nicht gut, nur in der Arbeit einen Sinn zu finden

Interessant und deutungsbedürftig ist das Ergebnis bei der Sinnfrage: Diejenigen, die nicht immer einen Sinn in der Arbeit gesehen haben oder sehen, d.h. diejenigen, die mit »teils-teils« geantwortet haben, zeigen hinsichtlich depressiver Erkrankungen einen besseren Gesundheitszustand als diejenigen, die immer einen Sinn in der Arbeit gesehen haben und sehen. Dieser Befund ist zwar nicht signifikant, doch sehr nah an der Signifikanzgrenze.

Hier können unsere qualitativen Daten weiterhelfen. Selbst bei einem objektiv schlechten Gesundheitszustand und vielen weiteren Misserfolgen bei der Arbeit bzw. bei Institutionen – wie z.B. Agentur für Arbeit, Versorgungsamt, MDK usw. – rutschen offenbar Menschen dann nicht in eine Depression ab, wenn sie sich sagen: »Es gibt auch noch andere Bereiche des Lebens, d.h. ich nutze meine freie Zeit, um mich zu erholen, um ehrenamtlich zu arbeiten, um Neues auszuprobieren, auch wenn ich vielleicht nicht viel Geld habe.«

Diese Möglichkeit, die nach unserem Dafürhalten bei vielen Betroffenen in einem Raum des Erwünschbaren gleichsam »schwebt«, ist dennoch nur schwer greifbar. Dieser Möglichkeitsraum bleibt deshalb verstellt, weil die klassische Arbeitskultur wenig Entfaltungsraum für diejenigen Aspekte des Lebens bietet, die fern der Arbeit liegen. Gemeint sind hier insbesondere zweckfreie soziale Beziehungen, das gemeinsame oder individuelle Beschauen von Landschaften und Bildern, das Erleben von Musik, Meditation und Phantasiereisen, das innere Ruhen, das Genießen von Nichts-Tun. Wir sind alle so erzogen, dass wir immer etwas tun müssen, immer in Aktivität sein müssen, immer irgend etwas »produzieren« müssen. Ein Befragter sagte uns, obwohl er noch länger Anspruch auf Arbeitslosengeld gehabt hätte, sei »irgendwann die Langeweile gekommen«. Es stellt sich eine Leere ein, die man – so haben wir es gelernt – mit Aktivität wieder füllen kann. Es ist offenbar nicht immer nur das Geld, warum wir arbeiten müssen, sondern auch die Angst vor der Leere, vor »dem unnütz sein«.

Selbstverständlich brauchen wir als Menschen das Gefühl, nützlich für andere zu sein. Doch stellt sich die Frage, ob dies nur in Form von Erwerbsarbeit geschehen muss oder ob andere Formen denkbar sind, in denen sich Menschen die Anerkennung holen können, die sie zum Leben und Überleben brauchen. Immerhin zeigt die steigende strukturelle Arbeitslosigkeit, dass unsere Ökonomie viel freie Zeit erzeugt, die sich durchaus anders verteilen ließe, als dies heute der Fall ist. Die notwendige Arbeit nimmt ab; aber wir haben augenscheinlich noch keine Konzepte dafür, wie die freie Zeit in solidarischer und in einer – durch materielle Absicherungen für alle – der Würde aller gerecht werdenden Weise genutzt werden kann.

Wenn jedenfalls als Ausweg aus der »Langeweile« nur das Arbeiten bleibt, dann kann dies auch zu einer Fixierung und zu einem zwanghaften Festhalten führen. Macht einem dann aber beispielsweise der erkrankte Körper einen Strich durch die Rechnung, spürt man sich doppelt geschädigt. Das Nicht-mehr-arbeiten-können wird als Niederlage erlebt, und das macht auch die Seele krank. Doch das ist kein zwangsläufiger Vorgang. Gelingt es, sich von der Arbeit als einzig vorstellbare Sinnquelle zu lösen, so können sich neue Möglichkeitsräume für Beziehungen, für Nützlichkeit, für Anerkennung und für innere Erfüllung eröffnen.

Diese Überlegungen lassen jedoch immer noch viele Fragen offen, d.h. wir müssen nach Wegen suchen, die uns ein tieferes Verständnis der Zusammenhänge zwischen Belastungen, Erkrankungen, Bewältigungsverhalten und Lebensorientierung im biographischen Verlauf eröffnen. Derartige Orientierungen können sich wiederum als gesundheitlich stabilisierend oder aber auch als gesundheitlich weiter destabilisierend herausstellen. Daher war es angezeigt, in mündlichen Interviews diesen Fragen nachzugehen. Die hierdurch erreichbaren qualitativen Daten sind deshalb von hohem Wert.

7. Erlebnis- und Bewältigungsweisen der heutigen Lebenssituation

Die Ergebnisse der mündlichen Befragung machen überzeugend deutlich, dass die Folgen schwerer körperlicher Arbeit nach einer bestimmten »Expositionszeit« bei praktisch allen Personen sichtbar werden, doch in unterschiedlicher Form und Ausprägung. Dies hängt von der Art der Belastungen und den persönlichen und sozialen Ressourcen ab.

Körperliche Leiden entwickeln sich ab dem 50. Lebensjahr, bei manchen schon etwas früher, bei manchen etwas später. Dieser Lebens-Zeitpunkt scheint in die kollektive Biographie der Werftarbeiter beinahe »eingeschrieben« zu sein. Nur ganz wenige »halten durch« bis zur Rente.

Im biographischen Verlauf gibt es persönliche und soziale Ressourcen auf der einen Seite, körperliche und psychische Belastungen auf der anderen Seite. Je nach biographischer Konstellation verteilen sich diese Faktoren sehr unterschiedlich.

Das Vulkan-Ende war – wie bereits in der ersten Studie hierzu untersucht (Hien u.a. 2002) – ein entscheidender biographischer Einschnitt, der zunächst nur sehr schwer zu verkraften war. Gelang es dem Betroffenen, wieder in Arbeit zu kommen, so wirkte sich dieser Umstand selbst dann, wenn die Arbeit schlechtere Bedingungen aufwies, sozial stabilisierend und unterstützend aus. Gelang es dem betroffenen freilich nicht, wieder in Arbeit zu kommen, entfaltete sich um ihn herum ein institutionelles Dickicht, das sich massiv destabilisierend, verunsichernd und verletzend auswirkte.

In den mündlichen Interviews wurde dies gleichsam als institutionelles Spießrutenlaufen zwischen Arbeitsbehörde, Sozialamt, Krankenkasse, Rentenversicherung, Versorgungsamt, Amtsärzten, Vertrauensärzten, weiteren medizinischen Gutachtern, Rechtsberatern usw. geschildert. Hinzu kamen und kommen die durchgängig negativen Erfahrungen mit der zuständigen Berufsgenossenschaft: Trotz vieler Vulkan-bedingter Leiden wurden und werden falsche, weil beschönigende Arbeitsanamnesen und unzureichende oder teilweise auch verfälschende Begutachtungen gemacht, welche den Betroffenen ohne Frage weitere seelische Verletzungen zufügen. In erster Annäherung wird folgendes Modell vorgeschlagen, in dem sich zunächst drei Bewältigungs-Typen herauskristallisieren:

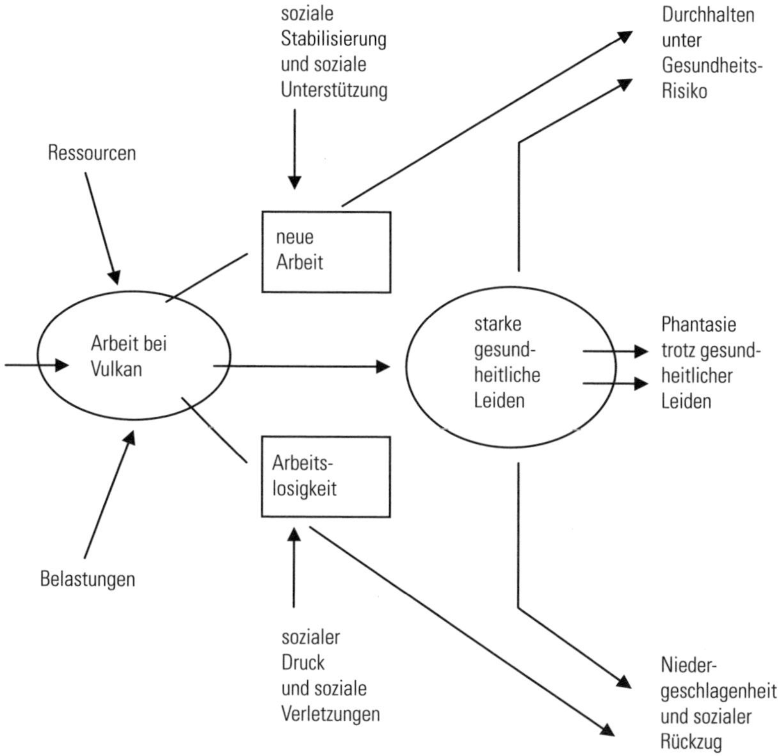

Die Typisierung in drei Bewältigungs-, Erlebnis- und Orientierungsweisen ist keine Persönlichkeits-Typisierung, sondern ein aus den jeweiligen Verhältnissen, in Kombination mit den mitgebrachten biographischen Mustern sich ergebendes Reaktionsmuster auf die äußeren und inneren Krisen, die man erlebt. Es muss ausdrücklich betont werden, dass es sich um Erlebnisweisen handelt, d.h. dass einzelne Personen durchaus zwischen diesen verschiedenen Stimmungen schwanken können und bestimmte Lebensphasen oder Lebenssituationen durchaus verschieden – einmal eher positiv und hoffungsvoll, einmal eher negativ und pessimistisch – erleben können. Die vorgeschlagene Typisierung ist eine sehr grobe, denn innerhalb der gefundenen Typen versammeln sich wiederum verschiedene »Sub-Typen«, die in der folgenden Darstellung zu ihrem Recht kommen sollen.

Durchhalten – Weiterarbeiten und »Durchbeißen« – unter Gesundheitsrisiko

Bei einigermaßen guter bis mittelmäßiger Gesundheit sind nur die Jüngeren; wer das 50. Lebensjahr überschritten hat, ist mit einer wachsenden Zahl von gesundheitlichen Beeinträchtigungen belastet. Neben den außerordentlich seltenen Fällen einer stabilen Gesundheit bis zum Renteneintrittsalter, handelt es bei dieser Gruppe um etwa 45- bis 55-Jährige, die entweder bei einem großen Automobilhersteller, einer regionalen mittelständischen Werft – hier sind insbesondere zu nennen: Lürssen, Arbeking und Rasmussen, Hegemann, Fassmer und Lloyd – oder einer Zeitarbeitsfirma Arbeit bekommen haben und versuchen, »unter allen Umständen« diese Arbeit zu behalten. Oftmals wird die Vulkan-Zeit als »lange vorbei«, als »vergangen und vergessen« abgetan, sodass sich der Eindruck einer inneren Unabgeschlossenheit oder einer Verdrängungstendenz nicht von der Hand weisen lässt. Auffallend ist bei einem Teil dieser Gruppe eine gewisse Verbissenheit: Arbeit um jeden Preis mit der großen Gefahr der Krankheitsverleugnung. Diese Menschen sind sehr stark darauf orientiert, eine möglichst feste Arbeit zu haben, einen möglichst hohen Lebensstandard für sich und ihre Familie zu erzielen; sie neigen oftmals dazu, Stärke zu zeigen und ihre körperlichen Leiden so lange, wie es irgend geht, zu verschweigen oder zu bagatellisieren.

Viele derjenigen, die beim Vulkan-Ende unter 40 Jahre waren, versuchten, sofern sie den langen Arbeitsweg nicht scheuten, bei Mercedes unterzukommen. Sie sind fast alle geblieben und äußern sich mit verhaltenem Lob über ihren neuen Arbeitgeber, insbesondere die guten Verdienstmöglichkeiten, die soziale Absicherung und die dort bestehenden Gesundheitsförderungsmaßnahmen. Trotz allen Lobes ist zu spüren, wie schwer es den Betroffenen immer noch fällt, die einmal besessene Autonomie, d.h. das relativ freie Arbeiten am Schiff, gegen eine eng getaktete und hochgradig zeit-stressige Arbeit eingetauscht zu haben. Im Rückblick auf Vulkan ist Melancholie mit einer Kritik gemischt, die sich zweifelsohne Anleihen bei den neuen Produktionskonzepten der Automobilindustrie holt:

»Ich sag es mal so: Der Vulkan war eigentlich immer nur starr. Der hat eigentlich sich nie richtig bewegt, man hat immer die gleichen Strukturen gehabt, jahrzehntelang. Unflexibel. Die Leute war'n gut, die konnten gute Schiffe bauen, aber man hat das Potenzial nicht ausgeschöpft dort. Man hat Leute einfach so weiterarbeiten lassen, ohne sie vernünftig zu qualifizieren oder mal die Dinge umzustrukturieren. (…)

Man muss heute flexibel sein. Die Anforderungen bei Mercedes sind hoch, der Takt wird immer kürzer, die Geschwindigkeit ist das Problem, das Klima ist ziemlich angespannt, man springt mit den Leuten schon ziemlich um, da gibt's nicht so 'ne Diskussionen wie auf dem Vulkan. (...) Obwohl ich gerne wieder auf 'ner Werft gearbeitet hätte. Das ist so ..., das steckt noch so drinne.« (20/3f., 7 und 11)

Deutlich ist der innere Zwiespalt zu spüren: Die Arbeit auf der Werft war zwar körperlich extrem verschleißend, doch das Klima war gut, jedenfalls besser als das, was der Interviewte jetzt erlebt. Auf der anderen Seite kann man froh sein, einen der begehrten Arbeitsplätze in dem Automobilbetrieb zu haben, auch wenn die Arbeit ganz anders ist und vor allem viel weniger Freiheitsgrade beinhaltet. Ein Zurück kann es wohl kaum geben; man muss sich arrangieren, man muss noch einige Jahre durchhalten. Und der Erzählende hofft, dass letzten Endes die neue Arbeit nicht so gesundheitsschädlich ist wie die auf der Werft, sie sei eindeutig weniger schwer.

Freilich ist zu bedenken, dass die Automobilarbeit durch eine hohe Arbeitsintensität gekennzeichnet ist und insofern – zwar auf eine andere Weise als früher, aber vielleicht nicht weniger verschließend – auf mittlere und längere Frist durchaus zu gesundheitlichen Schäden, möglicherweise zu stressbedingten psychischen Erkrankungen führen kann. Diese Befürchtung liegt gleichsam in der Luft, doch sie wird nicht ausgesprochen.

Wichtig ist, die Arbeit zu behalten und sich möglichst klar hinter die damit verbundene unternehmerische Konzeption zu stellen. Kein Mensch würde es aushalten, in der Praxis an einer Orientierung festzuhalten, die man in der Theorie ablehnt. Um diese mentale Übereinstimmung zu erreichen, muss die Möglichkeit von Gesundheitsrisiken – so weit wie es geht – ausgeblendet und beginnende Symptome verleugnet werden.

Diese Haltung ist in einer gewissen Weise überlebensnotwendig, sofern man glaubt, auf den Arbeitsplatz unter keinen Umständen verzichten zu können. Die Kehrseite der Medaille ist, dass hier Individualität und die Phantasie, etwas Neues für sich, sein Leben und seine Lebenszusammenhänge auszuprobieren, wenig Raum haben. »Geheime Wünsche« mögen da sein, insbesondere danach, auch einmal ganz andere Seiten seiner Person zur Entfaltung kommen zu lassen. Doch sie finden keinen adäquaten Ausdruck. Sie bleiben, weil die Arbeit so sehr im Vordergrund steht oder stehen muss, gleichsam ohne Sprache.

Ein inzwischen gerade berenteter Arbeiter erzählt:

»Also ich kann von mir aus sagen, ich bin gerne in 'ne Arbeit gegangen, ich denke, so wie wir uns kennen, ist da natürlich auch die Art von Hoffnung dabei, Hoffnung auf weniger Abzüge ..., dass ich also auch mit Gesundheit und Freude und Spaß an 'ner Arbeit auch zum Rentenalter komm. Weil, man macht sich ja doch Gedanken. Ja, da ist..., ich sag ja, wir können heute hier zusammen sitzen, das ist alles 'ne Sache, und das weiß keiner, und das ist es eben so, da können wir sowieso gar nichts an machen. Wenn es eben so ist, dann ist es so, dann haben wir Pech gehabt. Ich hab bis 65 gemacht und denn ist es so. (...) Nein, mir ist es nicht schwer gefallen, ... bin ich auch jeden Sonnabend da hingefahren und Sonntag auch oft. (...) Da konnte der Meister anrufen: ›Kommst heut' Nachmittag um zwei, denn kommt 'n Schiff rein‹. Wir war'n um zwei Uhr da, auf'm Sonntagmittag, das ist nun mal so'n Reparatur-Geschäft, so'n Stoßgeschäft, und dann war'n wir da, und das ist eben für uns, die vom Neubau kommen, 'ne Umstellung, also das ist voll 'ne Umstellung. Ja gut, das is' nun mal so.« (2/9-14)

Der Erzählende lebt in einer bestimmten Art von Hoffnung, die nicht frei von Angst ist, und die eine doppelte Bedeutung hat: Es ist nämlich nicht nur die Hoffnung auf einen finanziell abgesicherten Renteneintritt, sondern auch darauf, diesen gesund zu erreichen bzw. die danach folgende Lebensphase gesund genießen zu können. Und genau hier liegt die Angst verborgen, diese Hoffnung könnte auch durch Krankheit oder frühen Tod enttäuscht werden. Ob man daran »gar nichts machen« kann, ist jedoch nicht ganz so einfach zu beantworten.

Dass Leben auch vom Zufall abhängt, stimmt sicherlich zu einem Teil; zu einem anderen Teil aber gibt es durchaus Möglichkeiten, pfleglicher mit Körper und Seele umzugehen, als dies die tradierte Arbeitskultur gesehen hat. Und obwohl es ihm – dem Erzählenden – nicht leicht fiel, sich auf die Logik einer »Abruf-Arbeit« einzulassen, tat er dies, um ohne Abzüge in Rente gehen zu können, zugleich bangend um seine Gesundheit. Er hätte sich auch anders entscheiden können, doch seine unnachgiebige und rückhaltlose Arbeitsorientierung sprach dagegen. Seine bisherige körperliche Konstitution und sein eiserner Wille haben es ihm ermöglicht, an dieser Orientierung festzuhalten.

Es hat schon etwas Heldenhaftes, bei Wind und Wetter, ohne Rücksicht auf die eigene Privatheit, dem Ruf der Arbeit zu folgen. Das kann fürwahr nicht jeder, und so bleibt es nicht aus, dass viele erst gar nicht mehr gerufen werden und ohne Arbeit bleiben. Was hier aufscheint, ist die Renaissance eines Kampfes »um's Dasein«, bei dem die Starken gewinnen und die Schwächeren verlieren. Identität ist in dieser sozialen und kulturellen Atmosphäre nur durch eine jahrelange zähe

Verausgabung von Muskel und Hirn durch Arbeit zu gewinnen, immer getragen von einem Mythos der Unbesiegbarkeit. Arbeit nimmt in diesem Lebensmodell den höchsten Stellenwert ein.

Das beständige Etwas-tun-müssen ist ein Kennzeichen unserer industriell geformten Kultur. Warum, fragte bereits Friedrich Nietzsche[41] vor mehr als 100 Jahren, wehren sich die Menschen nicht gegen das ihnen angetane Leid? In östlichen Religionen gibt es eine bestimmte Art von Spiritualität, die Leiden nicht mehr spüren lässt. In unserer Kultur wird, wie Nietzsche sagt, »gegen Depressionszustände ein anderes Training versucht«: Es ist die Arbeitstätigkeit selbst, die einen nicht immer an sein Leiden denken lässt. Das beständige Tun rückt das Tun in den Vordergrund unseres Denkens; für anderes sei, so Nietzsche, wenig Platz »in den engen Kammern des menschlichen Bewusstseins«.

Was hier der große und selbst wahnsinnig gewordene Philosoph beschreibt, ist die Folge der christlichen, genau genommen, der protestantischen Arbeitsmoral, wie sie später von dem Soziologen Max Weber analysiert wurde. Müßiggang galt als Brutstätte der Sünde. Nur wer hart und beständig arbeitet, hat eine Erfolgsaussicht auf Gnade und Erlösung. Das steckt, auch wenn der religiöse Hintergrund heute kaum mehr eine Rolle spielt, immer noch in uns allen drin.

Und genau diesen Punkt bedenkt die protestantische Theologin Dorothee Sölle,[42] die sich intensiv und kritisch mit dem Leiden durch Arbeit auseinandergesetzt hat, mit äußerster Kritik. Eine Arbeitsmoral, für die Arbeit um jeden Preis gleichsam eine Pflicht ist, sei zerstörerisch für Körper und Geist. Und diese zerstörerische Kraft wirke sich, so Sölle, fatalerweise auch und gerade in der Arbeitslosigkeit aus. Wenn das Selbstwertgefühl so unauflöslich an die Erwerbsarbeit gebunden ist, wie es in den meisten westlichen Gesellschaften der Fall ist, wird Arbeitslosigkeit zur persönlichen Katastrophe. Die Gefahr ist nicht von der Hand zu weisen, dass Personen, die an dieser rigiden Arbeitsorientierung festhalten, bei Krankheit und krankheitsbedingtem Verlust der Arbeit ihre Ich-Stärke, die deutlich mit einer körperlichen Leistungsfähigkeit gekoppelt ist, schnell verlieren.

Sofern das Bewältigungsverhalten des Durchhaltens einmal – vereinfachend – als Gruppe aufgefasst wird, darf man annehmen, dass nicht wenige in dieser Gruppe kränker sind, als sie sich selbst zugestehen möchten. Innerhalb dieser Untergruppe, die sich als »gesund« oder »völlig gesund« bezeichnete, berichteten drei unserer Interviewpartner,

---

[41] Nietzsche 1887/1999: 377-384.

[42] Sölle 1999: 99ff.; vgl. auch Belitz 2003: 181ff.

ein Krebsleiden – Nieren, Prostata und Hoden – überstanden zu haben. Zwei weitere aus dieser Untergruppe leiden zeitweise an Herzrhythmusstörungen. Fast alle, die sich als »gesund« ansahen, räumten zeitweise starke Rückenschmerzen ein. Diese werden aber eher als »normal« angesehen. Teilweise ironisch, teilweise lapidar wurde festgestellt: »Schmerzen hat man immer mal – das ist ganz normal.«

In der psychosomatischen und psychotherapeutischen Literatur wird auf die Gefahren des »Durchhalte-Syndroms« deutlich hingewiesen. Gerd Overbeck, ehemaliger leitender Arzt am Klinikum für Psychosomatische Medizin und Psychotherapie der Johann Wolfgang Goethe-Universität Frankfurt am Main, spricht in diesem Zusammenhang von der »Krankheit, nicht krank sein zu können«, der irgendwann ein totaler Zusammenbruch folge. »Diesem Ereignis geht ein extremes Verleugnen der Erschöpfung, ein jahrelanges Unterdrücken von körperlichen Empfindungen und ein Übersehen von ernsten Krankheitszeichen voraus. Der Körper wird rücksichtslos ausgebeutet, es kommt zu einer Körperentfremdung, zum Nicht-mehr-verstehen von Signalen. Die Fähigkeit, krank sein zu können, kann daher ein Schutz vor physischer Selbstzerstörung bieten, ein lebensrettendes Regulativ.« Es ließe sich hinzufügen: Die Fähigkeit, krank sein zu können, lässt zwar Leid, teilweise auch extremes Leiden, zum Bewusstsein kommen, es öffnet aber auch die Sinne für Freude und Phantasie.

Phantasie – d.h. Lust am Leben – trotz gesundheitlicher Leiden

Phantasie heißt wörtlich »Einbildungskraft«, was hier aber keinesfalls abwertend gemeint ist. Mit Phantasie ist eine Fähigkeit gemeint, seine Lebenserfahrung, sein Denken und Hoffen in jeweils neue Konstruktionen einzubauen. Die treibende Kraft ist hierbei die Lust am Leben. Unter diesem Erlebnis- und Bewältigungstypus lassen sich alle gesundheitlich stark Belasteten und Eingeschränkten zusammenfassen, die ihre Leiden in irgend einer Weise »annehmen«, sich aber nicht vom Leben bzw. sinnvollen Lebensäußerungen abbringen lassen. Man könnte auch von einer Lust am Leben sprechen. Sie tun dies entweder in einer eher stillen oder aber in einer eher inszenierenden Art. Die inszenierende Art bietet viel Raum für kreative Konstruktionen neuer Sichtweisen und gleichsam »neuer Welten«, d.h. dieser Bewältigungs-Typus zeichnet sich durch eine hohe Erzähl- und eine hohe biographische Kompetenz aus. Erfolge und Niederlagen werden realistisch gesehen und kreativ in die eigene Lebensgeschichte eingeordnet. Hier hat Begeisterung und Phantasie ebenso einen Platz wie Trauer und Bewusstheit der Endlichkeit des eigenen Lebens. Hier begegnen uns Offenheit für alte wie neue soziale Beziehungen, Zugewandtheit, Engagement und Weltoffenheit. Dies drückt sich auch darin aus, dass ehrenamtliche, kreative und soziale Tätigkeiten gepflegt werden.

»Der Mensch, der krank zu Bette liegt«, so resümierte einmal Nietzsche[43] seine eigene kranke Lage, »kommt mitunter dahinter, dass er für gewöhnlich an seinem Amte, Geschäfte oder an seiner Gesellschaft krank ist und durch sie jede Besonnenheit über sich verloren hat: Er gewinnt diese Weisheit aus der Muße, zu welcher ihn seine Krankheit zwingt.« Wer krank geworden ist, hat die Chance des Nachdenkens, die Chance, sein Leben innerlich zu ordnen und die Chance, sich neu zu orientieren. Wenn ein Mensch aus seiner gewohnten Bahn fällt, weil er nicht mehr so funktioniert, wie es die Gesellschaft, seine soziale Umwelt und letztlich auch er selbst von sich erwartet hat, dann muss dies nicht nur als Niederlage gewertet werden. Es muss nicht »alles aus« sein, nein, gerade dann können sich neue Möglichkeitsräume öffnen. Phantasie meint genau das: Sich nicht diesen Möglichkeiten, die es um uns herum immer noch gibt, zu verschließen und damit auch die Möglichkeiten, die in uns selbst liegen, zu entdecken und zu nutzen. Entscheidend ist hierbei die Grundtatsache, dass jeder Mensch das Gefühl braucht, für andere nützlich zu sein.

Ein mittlerweile sehr schwer erkrankter ehemaliger Vulkan-Arbeiter sagte uns, er sei – wenn er heute, im Rückblick, einmal ganz ehrlich zu sich selbst sein will – »niemals ein Werftarbeiter gewesen«, allenfalls ein »Mitläufer«. Es habe immer noch »Phantasien im Hinterkopf« gegeben, die aber, solange er auf der Werft war, keine Chance auf Verwirklichung gehabt hätten. Das ist eine so bittere wie erhellende Sichtweise, die – vor dem Hintergrund des empirischen Materials – mit einem gewissen Recht auf manch andere Arbeiterbiographie übertragen werden darf. Aber »man war jung« und hat sich nicht die Folgen des extremen gesundheitlichen Verschleißes überlegt. Ein weiterer, heute schwer Erkrankter, bestätigt dies:

»Ich war leichtsinnig, muss ich ehrlich sagen, bin mit meiner Gesundheit nicht immer… Gut, immer konnt' man nicht Nein sagen, das muss fertig werden, wie, ist egal, da musst' man auch manchmal in'n sauren Apfel beißen. Aber stellenweise hat man auch 'n bisschen selbst schuld gehabt. Ich mein, ich will da ehrlich sein, ich will da nicht irgendwie abschweifen oder so. Ich kann nun nicht nur schimpfen, das

[43] Nietzsche 1878/1999: 234.

geht auch nicht, muss auch dran denken: Was hab ich selbst versackt?« (16/12).

Ein anderer Arbeiter, dessen Gesundheit stark angegriffen ist, berichtet:

»Gut, wenn du jung bist, ach, das war ja auch so 'ne Zeit Mensch, 16, 18 Stunden hab' ich gekloppt. Jeden Tag, Sonnabend oder Sonntag. Am Feiertag hab' ich gesagt: ›Was? Feiertag? Kenn ich doch gar nicht.‹ Immer weiter, immer weiter, nicht. Man denkt ja nicht ..., wenn du gesund bist, denkst du nicht dran, aber die letzten sieben Jahre kamen dann, wirklich du, so'ne Schmerzen, und wenn die Überstunden wollten, hab ich gesagt: ›O.k., mach ich, aber nur zwei, mehr nicht.‹ Das hätt' ich mal früher sagen sollen.« (30/13)

Wie sieht nun das Leben aus, wenn man schwer erkrankt ist, aber dennoch an einer »Lust zum Leben« festhält? Ein ehemaliger Vulkan-Beschäftigter mit schwerster Asbestose und mittlerweile berentet, sagt uns:

»Wenn man so abgestellt wird, in die Ecke – so man braucht mich nicht mehr – das macht schon ganz schön viel Kummer und Sorgen. Ich hatte das Glück, dass ich ja auch noch mich so'n bisschen gekümmert hab' um andere Menschen, ... und hatte also etwas zu tun. Das brachte natürlich genau auch kein Geld, sondern das kann man also nur aus sich selbst heraus machen.« (3/3)

Der Erzählende engagiert sich seit Jahren in einem Verein, der enge Beziehungen zu Künstlern aus ärmeren Ländern pflegt und in diesem Zusammenhang für bestimmte Personen unterstützend tätig ist. Des gibt seinem Leben Sinn, ohne dass er irgend etwas verdrängen oder verleugnen muss:

»Ich weiß, dass das Leben endlich ist, und damit habe ich mich intensiv befasst. Aber eben sich ausschließlich nur in das Schicksal sich fügen wollen, das geht auch nicht. Man versucht schon, so gut wie's geht eben, dagegen was zu unternehmen. Und ich meine, Beschäftigung ist eine gute Medizin.« (3/17)

Die gegenwärtige Situation eines anderen Arbeiters, krankheitsbedingt in Frührente, unterstreicht diese Gedankengänge. Er ist aktiv in einem Verein tätig, der sich um die Sauberkeit von kleineren Hafenanlagen kümmert. Auch wenn es sehr hart für ihn war, aus dem Arbeitsleben ausgeschlossen worden zu sein, so kann ihm die neue Betätigung doch das Gefühl geben, gebraucht zu werden. Ähnliche Geschichten haben wir von mehreren Interviewten erfahren; und immer hatten wir den Eindruck, dass Derartiges dem Betroffenen Halt und Stabilität verleiht. Nie geht es hierbei um »Leistung«, sondern um sinnvolle Betätigung.

Das ist ein großer Unterschied. Menschen dieser Orientierung zeigen ein hohes Maß an Ich-Stärke, sie binden ihre Identität nicht oder nicht mehr an ihre körperliche Leistungsfähigkeit. Sie »geben nicht auf« oder sie geben sich nicht auf, sie gehen nicht aus ihrer Aktivität heraus, sie probieren Neues aus, sie wehren sich gegen augenscheinliche Ungerechtigkeiten, sie haben keine Scheu, ihre körperlichen Leiden offen zu thematisieren, mit einem gewissen Stolz und mit einer durchaus berechtigten Erwartung auf Anerkennung. Und dies ermöglicht auch, die immer noch bestehenden schönen Seiten des Lebens zu sehen und sie bewusst genießen zu können. Ein ehemaliger Vulkanese, der an einer sehr schweren Lungenerkrankung leidet, erzählt:

»Wenn du einfach nur in den Tag reinlebst, denn wird das nix. Du musst richtig bewusst leben, und darum leb' ich auch anders oder ich seh' das anders wie andere, ich empfinde auch anders ... Wenn ich ess', und mir schmeckt was, ich sag immer zu meiner Frau, denn krieg ich immer so'n Feinschmeckerorgasmus, dieses: ›Hmm, Aahh, Oohh‹, weil ich ..., also, weil ich das bewusst genieße. Jeden Morgen der Kaffee, das ist selbst gemahlen, ich hol denn die Bohnen und denn alles schon heiß ausgespült, die Tassen alle heiß ausgespült, und denn richtig wird das zelebriert, und wenn ich denn den ersten Schluck nehme, morgens, das ist immer der beste Kaffe der Welt, der beste Kaffee. Das Gestern, der Kaffee, das ist Kaffee von gestern und den morgigen Kaffee, den haben wir ja noch nicht, aber den Kaffee, den ich jetzt trinke, den genieß ich denn, verstehst du das. Na ja, auch wenn ich sonst was mache, ... was ich hier tue, wenn ich sehe, das ist mir gelungen, denn freu' ich mich bewusst. Ich merk' das auch richtig, wie mich das körperlich entspannt und wenn mich etwas körperlich entspannt, denn nehm' ich das bewusst wahr. Wenn ich auf mein' Fahrrad da drauf bin und mich zehn Minuten abgestrampelt hab, zehn Minuten, das ist 'ne lange Zeit, überleg mal, wenn du denn merkst, dass die Luft immer knapper wird, nicht, und dann ..., und auch die Muskeln dann, wie die denn anfangen zu ziehen, und denn nachher, wenn ich denn runtergeh', och, wenn die Muskeln sich entspannen, also denn geh' ich so richtig mit, verstehst du, ich lass das so richtig durchgeh'n, oder wenn ich mich abends hinleg' im Bett und mich lang mache und bin so richtig schön müde, nich', und denn möchte ich eigentlich gar nicht einschlafen, ich möchte eigentlich diese Müdigkeit, ja: die möcht' ich genießen, diese Ruhe, die durch 'n Körper geht.« (6/8-9)

Was in dieser Passage zum Ausdruck kommt, ist eine große Lebensweisheit, eine bewundernswerte Art und Weise des Umgangs mit dem eigenen Leiden, mit dem Erleben der eigenen Welt und Umwelt, in der auch Freude und Genuss wieder einen Platz gefunden haben. Es wird nichts beschönigt, nichts vergessen; und für den Verdacht, dass hier jemand nur in einer Phantasiewelt im Sinne eines abgehobenen Phantasmas lebt, gibt es keinerlei Anhaltspunkt. Der Erzählende lebt voll bewusst in der Wirklichkeit. Er steht zu seiner Vergangenheit und zu seiner dort erworbenen Krankheit ebenso wie zu seiner Lebenslust und seiner hohen Sensibilität für Schönheit und Genuss. Viele der jüngeren und noch gesunden Zeitgenossen könnten sich glücklich schätzen, wenn sie eine solche Lebenshaltung auch nur ansatzweise ihre eigene nennen könnten.

Es fällt auf: Immer, wenn wir in den Interviews auf die Enkelkinder zu sprechen kamen, hellte sich die Stimmung der Erzählenden auf: »Die Enkelkinder, das ist ein großes Glück, das ist wunderbar!« waren immer wieder gehörte Sätze. Hier kommt ein Ur-Bedürfnis des Menschen nach »Generativität«, nach einer tiefen Beziehung zu den nachfolgenden Generationen zum Ausdruck, vielleicht auch der Wunsch, dass »ein Stück von mir« in den Kindern und Kindeskindern weiterleben möge.

Konkreter noch war bei vielen eine Sorge um die Ehefrau auszumachen, insbesondere wenn diese krank war und »man helfen konnte«. So war auch bei dem eben zitierten Gesprächspartner eine starke Freude darüber zu spüren, dass er in schwierigen Situationen sich um seine Frau kümmern und ihr helfen konnte. Eine weitere menschliche Sehnsucht kommt hier zum Vorschein: nützlich zu sein für den Anderen. Diese konkrete Nützlichkeit stärkt das Bewusstsein, einen Ort auf dieser Welt zu haben und noch gebraucht zu werden. Diese Gefühle stärken die persönlichen Ressourcen und fördern somit die »relative Gesundheit«.

Niedergeschlagenheit, das Erleben weiterer Niederlagen und sozialer Rückzug

Hier spielt der als Entwürdigung empfundene Ausschluss von Arbeit und damit auch von Einkommen und Wohlstand eine entscheidende Rolle. Die Ereignisse werden als Niederlage erlebt; es stellen sich Demoralisierung, Verbitterung und Selbstzweifel ein. Uns begegnet hier zuweilen ein starker Vergangenheitsbezug, gepaart mit Wehmut und Melancholie, so als lebten die Betroffenen noch in der Vulkan-Zeit. Krankheit und Arbeitslosigkeit bzw. Frührente werden als Niederlage erlebt. In dieser Gruppe drängt sich manchmal der Eindruck einer hohen Arbeitsfixiertheit auf, gleichsam ein Sich-Klammern an die Arbeit, die schon rein körperlich meist völlig ausgeschlossen ist. Die Einbrüche in der körperlichen Verfassung werden als Entwertung der eigenen Person erlebt, was einen Verlust an Ich-Stärke anzeigt, was sich in Mutlosigkeit und einem Verlust an Zuversicht ausdrückt. In diesem Bewältigungs-Typus finden wir unter anderem auch eine gewisse Starrheit, Verbitterung, Absonderung, Eigenbrödlertum und ein verringertes Gemeinschaftsgefühl bzw. ein verringertes Gefühl für soziale Bezüge, die der Situation angemessen sind. So wird beispielsweise nicht oder zu wenig gesehen, dass es auch andere Menschen in der gleichen Lage gibt. Bei einigen Betroffenen, die dieser Gruppe zuzuordnen sind, ist eine deutliche Depressions-Neigung festzustellen.

Manche Menschen ziehen wie ein Magnet das Unheil an. Wir haben Lebensgeschichten ehemaliger Werftarbeiter gehört, die uns sprachlos machen. Wenn ein Arbeiter durch einen schweren Unfall seine Hand verlor, er von Frau und Familie verlassen wurde, durch die Vulkan-Pleite seiner Arbeit verlustig ging und er jetzt auch noch aus seiner Wohnung herausgedrängt wird, wo er eine ehrenamtliche Hausmeister-Position hatte, die ihm noch ein Stück sozialen Rückhalt gab, was bleibt dann noch zu sagen? Er habe, so ist es auf unserem Band, »jetzt wirklich genug mitgemacht«, er wisse nun auch nicht mehr, was er sagen solle, um dann fortzufahren:

»Ich meine, ich hab schon genug ... Gut, ich muss es akzeptieren, es ist eben Schicksal, aber eigentlich hab' ich genug gelitten und genug verloren (...). Ich weiß nicht, was ich noch denken soll ... Ich hab von Anfang an Fehler gemacht ...« (10/22 und 28)

Der Erzählende gibt sich am Schluss des Interviews selbst die Schuld, in bestimmten Situationen sich falsch entschieden, d.h. nicht gesehen zu haben, dass ein anderer Weg – Arbeit, Wohnort usw. – besser für ihn gewesen wäre. Es gibt einen Teufelskreis von Niederlagen und dem Sich-darin-Ergeben, aus dem man schwer wieder herauskommt. Am Schluss nagt es massiv am eigenen Selbstwert. Diesen Teufelskreis haben wir – auch wenn sich nicht immer alle Schicksalsschläge derart ballen wie im eben zitierten Fall – während unserer Interview-Phase mehrmals erlebt. Immer wieder werden äußere Ereignisse als ganz persönliche Niederlage erlebt, als Verlust, den man nicht zu kompensieren weiß. Ein durch eine schwere Herzkrankheit Frühberenteter macht kein Geheimnis aus seiner Gefühlslage:

»Da gibt es Tage – weinen nicht – aber es ist dann manchmal so, dann bist du geknickt, und dann sagst du: ›Mensch, Scheiße, du, das macht alles keinen ..., warum machst du's eigentlich noch?‹, und du hast' immer noch 'n Ziel gehabt und das ..., irgendwie hat das ja auch Spaß

gemacht hier. Ich sag, man war ein Team irgendwie, seine Kollegen, das fehlt einem denn.« (4/32)

Zugleich »muss er ganz ehrlich« sagen, er sei eher ein »Einzelgänger«. Er ziehe sich aus den Nachbarschafts-Zusammenhängen heraus, nicht zuletzt auch deshalb, weil da zu sehr »aufgetafelt« und »geprotzt« wird. »Eigentlich« sei es gut, wenn »einer dem anderen hilft«, »einer für den anderen da ist«, weil aber – jedenfalls aus der Sicht dieses Interviewten – alle derartigen Aktivitäten mit Geld zu tun hätten, könne er sich das nicht mehr leisten. Hier wird eine innere Zerrissenheit sichtbar zwischen der Sehnsucht nach Zugehörigkeit und Gemeinschaft und der Angst, den Ansprüchen, welche eine Gemeinschaft stellt, nicht genügen zu können.

Dieser Zwiespalt kommt auch in anderen Interviews zum Ausdruck. Zuerst waren es die übermäßige Arbeit und die Überstunden, dann waren es Krankheit, Arbeitslosigkeit und das geringere Einkommen, das zum Problem wurde. Und in dem Maße, in dem die sozialen Zusammenhänge auf der Strecke bleiben, wächst das Gefühl des Verlustes, des Entbehrens und der Nutzlosigkeit.

»Die ganzen Freundschaften, die wir hatten, das ist alles kaputt, keiner, wo man früher mit zusammen war, da ist man nicht mehr mit zusammen. (...) Die ganzen Freundschaften, das ist alles hinüber, das ist alles hinüber.« (8/18)

Es fällt auf, dass viele der ehemaligen Vulkanesen, die in einer niedergeschlagenen Gestimmtheit mit anhaltender Verlusterfahrung stecken, während ihrer Vulkan-Zeit außerordentlich viel gearbeitet und – in vielfachen Hinsichten – entsprechend starke Positionen hatten. Man war anerkannt, im Betrieb wie in der Familie. Doch dies hatte seinen Preis: Man ging früh aus dem Haus, als die Kinder noch schliefen, und kam erst in der Nacht wieder, sodass man seine Kinder »gar nicht aufwachsen sehen« konnte.

Es nimmt nicht wunder, dass auch dieser Umstand eine schmerzliche Verlusterfahrung darstellt. Die lange gelebte Stärke nährte einen Mythos der Unbesiegbarkeit. Die extremen Belastungen von Körper und Seele wurden viel zu lange verleugnet. Das selbst hergestellt kollektive Muster des gleichsam heldenhaften Werftarbeiters ließ Individualität nur in der Form von Leistung, Zähigkeit und Verausgabung zu. All dies verdichtete sich schließlich zu einem anhaltenden Raubbau an der eigenen Gesundheit.

Das Drama nahm seinen Lauf: Die körperliche Unbesiegbarkeit war gebrochen, das Kollektiv, das einem – trotz aller negativen Seiten – immer auch Halt gegeben hatte, gab es nicht mehr, die alternativen sozialen und persönlichen Ressourcen waren verschüttet. Es bleiben Kränkung, Hilflosigkeit und Demoralisierung.

Und zu bedenken ist: Wenn Menschen fortlaufend ihre Situation als Niederlage erleben, ist die Gefahr eines Teufelskreises insofern sehr groß, als sie immer wieder neue psychische Verletzungen erfahren, was sich letztlich in psychischen und psychosomatischen Erkrankungen – bzw. verstärkend auf die ohnehin schon bestehenden Krankheiten – niederschlägt. Der gesellschaftlichen Entwertung kann man sich kaum noch erwehren. Sie beginnt, das Selbstbewusstsein zu unterhöhlen:

»Ich bin nachts wach, bin am Grübeln... Die Frau sagt: ›Seit du arbeitslos bis, bist du nicht mehr zu genießen.‹ Ist auch so. Alles, die kleinste Fliege stört dich anne Wand ... Es ist ja, als wenn du zum letzten Dreck gehörst.« (8/26f.)

Was hier zum Ausdruck kommt, ist ein Teufelskreis, den die Psychologie[44] das »Dilemma von Depression und Umwelt« nennt. Der traurige und wehleidige Mensch erweckt das Mitleid seiner sozialen Umwelt – Partner/in, Freunde, Verwandte, Nachbarn usw. – und wird von dieser getröstet. Hält aber die niedergedrückte oder merkwürdige Stimmung dieses Menschen an, und das macht ja gerade den Krankheitswert dieser Stimmungen aus, dann reagiert die Umwelt befremdet. Die Mitmenschen fühlen sich überfordert und wenden sich womöglich nach und nach ab, denn ihre Zuwendung zeigt ja keinen Erfolg. Sie sind frustriert, manchmal werden sie sogar feindselig.

Dies führt aber fatalerweise bei dem psychisch beeinträchtigten Menschen zu einem weiteren Verlusterlebnis und damit zu einer Verstärkung der Verstimmtheit in Richtung Krankheit. Es ist leider so, dass depressive Patienten wegen dieses Teufelskreises oftmals ihre Partner und Freunde verlieren, d.h. die Beziehungen werden wegen dieses negativen Zirkels vergiftet – unwissentlich und unwillentlich. Konflikte entstehen, ein vorwurfsvoller Ton schleicht sich in den Alltag ein –, was für den depressiven Menschen zur weiteren Belastung und Auslöser für noch tiefere Verzweiflung und Resignation werden kann.

Das muss nicht so sein – und wir hoffen, dass es auch im zitierten Fall nicht so ist –, doch die Gefahr ist gegeben. Und die Frage nach der »Schuld« ist keine personenbezogene, sondern allenfalls eine, die mit dem »System« – dem System unserer Arbeitsgesellschaft, die immer mehr Menschen krank und überflüssig macht, aber auch dem System

[44] Vgl. Hautzinger 2006: 31.

Familie,[45] das freilich durch diese Gesellschaft zunehmend bedroht ist – zusammenhängt.

Dennoch und gerade deshalb ist die Frage nach professioneller Hilfe angebracht: Viele Interviewpartner berichteten, dass ihnen diese Hilfe – z.B. im Rahmen einer psychosomatischen Kur – gut getan habe. Umso erschreckender ist es, wenn die Gesundheitspolitik und die ihr zuarbeitenden Experten[46] den Sinn derartiger Rehabilitationsverfahren bezweifeln, was nichts anderes heißt, als dass die Abschaffung dieser Reha-Kliniken bald auf der Tagesordnung steht. Mit Fug und Recht darf hier gefragt werden: Wie viel Abbau verträgt unsere Gesellschaft denn noch?

Ein weiterer Gesichtspunkt muss noch erwähnt werden: Es ist wahrscheinlich, dass wir in der vorliegenden Studie einen nennenswerten Anteil derer, die sehr stark resigniert haben und sich psychisch »am Ende« fühlen, nicht erfassen konnten. Wenn es in einem bereits einmal zitierten Brief einer Ehefrau an uns heißt,

»Mein Mann wurde depressiv und mutlos. Er hat nach 25 Jahren (schwerster Arbeit) seinen Arbeitsplatz verloren. Er kommt bis heute nicht damit zurecht ... Mein Mann, der immer freundlich und lustig war und der immer gerne zur Arbeit ging, ist heute ein zerbrochener Mann ... Er fühlt sich nutzlos und überflüssig.« (Brief einer Ehefrau),

dann offenbart dies die Tragik eines Scheiterns, das nicht den verfehlten persönlichen, sondern den verfehlten ökonomischen und politischen Planungen und deren katastrophalen Folgen zuzurechnen ist. Der Mann jener Frau, die uns geschrieben hat, sah sich außerstande, uns ein Interview zu geben. Wir wissen nicht, wie viele weitere derartige Beispiele es unter den ehemaligen Vulkanesen gibt. Doch ihre Zahl ist sicher nicht vernachlässigbar klein.

---

[45] Wir möchten hier ausdrücklich auch andere gemeinschaftliche Lebensformen mit einschließen.

[46] So z.B. Poersch 2007.

8. Zur Situation der Ehefrauen, Partnerschaft und soziale Beziehungen

»Das hat sie ganz schön mitgenommen« – die Vulkan-Pleite machte auch Ehefrauen krank

Die Vulkan-Pleite verursachte nicht nur einen tiefen Einbruch in der Biographie der bis dahin dort tätigen Arbeiter oder Angestellten; den gleichen Einschnitt erlebten auch ihre Ehefrauen. Für die Familien zerbrachen lang gehegte Pläne. Die Frauen reagierten innerhalb eines weiten Spektrums zwischen Verständnislosigkeit – »Warum wehren sich die Männer nicht richtig«? –, Abgrenzung und tiefem Mitgefühl. »Bei manchen war die Frau ganz schnell weg«, wurde uns mehrfach erzählt, doch unter unseren Interviewpartner/innen befand sich niemand, der diese Erfahrung gemacht hatte. Gleichwohl berichteten Männer wie Frauen über Spannungen und Auseinandersetzungen. Nicht wenige der Frauen sind in den ersten Jahren nach der Werftschließung schwer erkrankt. Neben körperlichen Erkrankungen waren dies vor allem psychische Erkrankungen, insbesondere schwere Angststörungen und Depressionen.

»Meine Frau, die ist daran zugrunde gegangen, also, die ist seelisch dabei draufgegangen. Sag ich, jetzt kam da natürlich auch noch dazu, dass meine Mutter jetzt auch noch schwer pflegebedürftig wurde, und dann der Ärger mit dem Sozialamt ... Also ich sag, meine Frau, die ist so was von fertig gewesen, also ich hab gedacht, die tritt aus unserem Leben ab, also das war ganz schlimm, die ist wirklich schwer krank. (...) Sie fühlt immer, dass sie irgendwie bestraft wird für ihr ..., weiß ich was, ich sag ja immer, das kann man nicht erzählen, diese Krankheit, diese Angst. Lebt ja unter Angst, Stressangst. Irgendwie fühlt sie das, und wenn das losgeht, denn fangen wir beide an ... Ich kann es nicht nachvollziehen, wenn ich das realistisch erklär', warum sie Angst hat, kann ich einfach nicht.« (4/4-6)

Diese noch unverstandene »Bestrafung« wird an einer anderen Stelle des Interviews von dem Erzählenden dann aber doch zum Thema gemacht:

»Meine Frau hat ja nun nicht gearbeitet, die ist immer zuhause gewesen, weil meine Mutter hat immer gearbeitet, und ich musste bei meiner Oma groß werden und hab gesagt: ›So, also das passiert mit

meinem Sohn nicht, du bleibst zuhause.‹ War natürlich im Nachherein ein Fehler ohne Ende, nicht, dafür kommt die Rechnung heute dicke. Ja, die hat, die paar Jahre, die sie gearbeitet hat, zehn Jahre, mehr hat sie nicht, da wird sie nicht viel Rente für kriegen, als Friseuse sowieso nicht, das große Geld, nee. Da wird sie jetzt böse für bestraft, ich sag, und jetzt, wo sie hätte arbeiten können, dann kam eben dieses Problem dazu, na ja. Wo ich jetzt zuhause bin, da hätte sie eventuell arbeiten können, ja. Das ist natürlich 'ne Strafe, aber ich sag mir ..., also ich hab als Kind böse darunter gelitten, alle Kinder gingen nach Hause nach ihre Mama, und ich musste nach meiner Oma und musste mir von meiner Oma den Mors versohlen lassen.« (4/20)

Hier ist deutlich »das System Familie« mit all seinen Verwicklungen zu spüren. Es sind die Verwicklungen zwischen den Generationen, zwischen den Vorgeschichten mit ihren Nachwirkungen, zwischen den eigenen Unzulänglichkeiten und – wieder – den von außen zerstörten Lebensplänen, gleichsam den Trümmern, die mit Mühe wieder zu einem Ganzen zusammengefügt werden müssen.

Dieses Konstrukt sieht anders aus als das ursprünglich erträumte, und Mann wie Frau tun sich hier schwer, die neue Gestalt zu akzeptieren. Ihn ereilte eine schwere körperliche, ja, lebensbedrohliche Erkrankung, sie eine schwere psychische Erkrankung. Das Fatale ist: Sie übernimmt seine Angst, sie geht an die Grenze des Lebens, sie ist die »Schwachstelle« des Systems, dessen Ordnung durcheinander gekommen ist. Zu fragen ist, ob die lange durchgehaltene – und seitens des Bremer Vulkan hoch erwünschte – Arbeitsrigidität des Mannes nicht schon seit langem dem Paar die notwendige Zeit für menschliche, emotionale und geistige Zuwendung geraubt hat?

Kein Geld der Welt kann Liebe, Zärtlichkeit und Einfühlung ersetzen. Und paradoxerweise hat der Mann in diesem Beispiel genau unter dem Mangel an Liebe gelitten. Weil weder seine Mutter, noch seine Großmutter, beide offenbar Teil der lange tradierten – und von der protestantischen Arbeitsethik auch noch gut geheißenen – asketischen, harten und kalten Arbeitskultur, Raum dafür hatten. Eine große Tragik liegt in diesem Bericht. Durch das Gesagte hindurch drängt die Sehnsucht nach einer anderen Welt, in der die Lebensbedingungen so sind, dass sie menschliche Wärme ermöglichen können.

Wie schlimm es die Frauen traf, zeigt ein weiterer Bericht:

»1999 hatte sie die Lungenembolie. Sie hatte 'ne Lungenentzündung, und die ging nicht zurück, und dann immer stärkere Tabletten, immer stärkere Tabletten, bis sie denn eines nachts hier zuhause 'ne Lungenembolie bekam. Hat sie so überlebt zuhause, Gott sei Dank, hat sie

überstanden. Mensch, und da ging das dann los mit ..., da wird das Blut ja gleich verdünnt, gleich mit dem Härtesten, was es wohl gibt. Na ja, und da sie ja nun noch 'ne Frau is', und dann wär' se mir im folgenden Jahr bald zuhause hier verblutet, vom Unterleib her. ›Mensch‹, sagt sie, ›wach auf, wach auf! Ich verblute, ich verblute!‹. Ich sag: ›Das kann ja wohl nich' angeh'n‹, sach ich. Tatsächlich, ab ins Krankenhaus, ja. Notoperation wollten se machen und musste ja erst das Blut wieder dick gemacht werden, und dann anschließend kam die Operation dann. In der Nacht hat man die gemacht, ja, und da wär' se bald weggeblieben, da hat sie 'n totales Leberversagen gehabt dann danach. (...) Ja, so is' das. Nicht gesoffen, nicht geraucht und trotzdem alles kaputt. Und gleichzeitig hat man dann festgestellt, dass sie auch noch Unterleibskrebs hat, nicht. So, und dann musste man erst die Leber regenerieren, hat sie 'n Vierteljahr im Krankenhaus gelegen. Ganz alleine wieder die Leber, die muss sich alleine wieder fit machen, und dann daraufhin, ein halbes Jahr später, hat man dann erst die Operation, die Krebsoperation gemacht. (...) Ja, denn war meine Frau eineinhalb Jahre krank zuhause, dann ein Jahr in Rente, und jetzt arbeitet sie wieder seit 2004. Ja. Meine Frau war wieder gesund, und da fing ich an. Ich sag: ›Du‹, hab ich gesagt ,›ich muss dir wat sagen. Ich hab's mit'm Herzen, ich muss nächste Woche in's Krankenhaus.‹ ›Wo musst du hin? Mensch‹, sagt sie, ›ich hab' doch gerade erst angefangen zu arbeiten.‹ Ich sag: ›Ja, das nutzt nix, ich muss da hin.‹ Tja, so war das.« (25/18f.)

Eine nicht weniger tragische Geschichte, die aber bislang einen einigermaßen guten Verlauf nahm. Beide Partner konnten sich gesundheitlich erholen, er ist im Übergang zur Rente, es gibt gemeinsame Pläne für längere Auslandsaufenthalte. Im weiteren Verlauf des Interviews betonte der Erzählende, wie wichtig ihm die Solidarität, das gemeinsame Sprechen und gemeinsame Verstehen zwischen ihm und seiner Frau ist. Ebenso wichtig sei es, dass sowohl er als auch seine Frau ihre Männer- bzw. Frauen-Freundschaften pflegten.

Die Sicht der Ehefrauen: Zwischen Abgrenzung, Mit-Leiden und Solidarität

»Man grübelt da richtig drüber nach, man is' denn immer so fix und fertig, nicht, ›Wie geht's weiter, wie machst es jetzt?‹ Denn muss man ja auch Miete bezahlen und Heizung, Auto, alles. Wird ja immer teurer alles und so. (...) Ja, wir haben uns dann häufig gestritten dadurch, das belastet einen alles. Ich war denn ja auch so betroffen, also, weil

man sich was angeschafft hat, und wie kriegt man das bezahlt und und und. Ja, das hat einen doch mitgenommen, und ich wollte ja erst mich auch trennen, aber das is' ja denn auch keine Lösung, nicht. Man hat sich denn wieder zusammengerauft, weil man sagt denn ja, dass man zusammen halten sollte bei so was. Und das hab' ich denn auch gemacht. Hat man sich entschuldigt bei dem Mann, dass man sagt, ja: ›Tut mir leid‹, denn er kann ja auch nix dafür, das sind ja andere Leute, die da den Vulkan runtergefahr'n haben.« (32/5-8)

Diese Ehefrau berichtet im weiteren Verlauf des Gespräches, dass ihr Mann noch in den letzten Vulkan-Jahren sehr viele Überstunden gemacht hat, sodass an eine Pflege der Freundschaften und Bekanntschaften nicht mehr zu denken war. Darüber hinaus hatte sie selbst einen anstrengenden Nebenjob. Sie wollten eben »Geld machen«, um sich »etwas leisten zu können«. Die Vulkan-Pleite entzog diesen Planungen den Boden. Zudem wurde ihr Mann schwer krank, und sein Rentenantrag wurde abgelehnt. Die alten Freunde »kommen nicht mehr«, und beide wissen im Augenblick nicht, wie es weitergehen soll. Hartz IV steht drohend im Raum.

Auch hier kommt ein Lebenskonzept zum Vorschein, in dem die Arbeit dominiert hat, das praktisch allein Bestimmende im Leben gewesen ist. Wieder kehrt sich ein ehemals erfolgreiches Konzept in sein Gegenteil um. Die einstigen Versprechungen des Vulkan sind nichts mehr wert, die Verantwortlichen hüllen sich in Unschuld. Die Verhöhnung der sozialen Umwelt ist den Betroffenen sicher. Es ist unglaublich schwer, aus dieser nunmehr persönlich gewordenen Krise herauszukommen. Ein Austausch der Erfahrungen, ein Wieder-Sprechen-Lernen, eine gegenseitige Unterstützung tut Not.

So unterschiedlich wie die Erlebnis- und Bewältigungsweisen der ehemaligen Vulkan-Arbeiter und -Angestellten selbst sind auch die Erlebnis- und Bewältigungsweisen ihrer Ehefrauen. Die folgende Geschichte zeigt, obzwar der Mann in einer ganz ähnlichen Situation wie der eben geschilderten steckt, eine andere Perspektive, die nicht weniger besorgniserregend ist:

»Ich bin immer umgefallen auf der Arbeit, und keiner konnte feststellen, wovon. Das ist jetzt aber auch schon 16 Jahre her das erste Mal, und dann hab' ich immer gekrampft ... Erst war's nur alle zwei Jahre, und denn bin ich nachher bald alle halbe Jahre umgefallen. Meistens auf'e Arbeit. Jetzt krieg' ich ganz starke Tabletten. Jetzt geht das alles. (…) Ich hab' ja immer mit'm Blutdruck zu tun, und durch dieses ganze ›Was is' morgen?‹, da hab' ich im Moment wieder mit zu tun. Der Arzt sagt, das sind jetzt die Auswirkungen erst von dem, was so letztes Jahr

alles war. Keiner wollt' ja mehr zahlen. Die Krankenkasse nicht mehr, das Arbeitsamt nicht mehr und die Rentenstelle, die hat zwar gesagt, die Rente ist bewilligt, aber es kam nichts, ja, und vom Sozialamt, die ha'm gesagt: ›Ihre Frau arbeitet, müssen Sie damit auskommen.‹ Da war'n wir, ja, fast fünf Monate ohne Geld von mei'm Mann. Jo, das hätt' sich noch hingezogen, wenn wir da nicht so hinterher gegangen wären. Klar, die ha'm dat allet nachgezahlt, aber es fehlt ja, und so lange stundet das keiner, auch mit dem Haus nicht.« (31/5-9)

Wieder eine unglaubliche, aber wahre Geschichte, die ein betrübliches Licht auf unseren Sozialstaat wirft. Zugleich aber eine Geschichte, die zeigt, wie ein kranker Körper – zunächst der des Mannes – dem biographischen Entwurf einen Strich durch die Rechnung machen kann. Und zu allem Übel erneut eine Geschichte, in der Krankheit sich im Familien-System ausbreitet.

Dennoch überwiegt in diesem Fall – in der weiteren Erzählung – der Optimismus. Die Frau lobt ihren Mann, weil er sie seit langem in der Hausarbeit unterstützt, er kocht gerne und gut, »er putzt die Fenster«, »er hat gewickelt, Flasche gegeben, alles«, und sie findet es sehr gut, dass sie viel gemeinsam unternommen haben und weiter unternehmen, dass sie beide mit Nachbarn weiter guten Kontakt haben und pflegen. Diese Weltoffenheit und Zugewandtheit beider Eheleute ist eine unschätzbare Ressource, die ihnen – und ihre Hoffnung ist wohl nicht unberechtigt – weiter über die Klippen helfen wird.

Diese Perspektive nimmt auch eine weitere Gesprächspartnerin ein, als sie über ihren Mann sagt:

»Seine Krankheit ist für ihn lebensbestimmend. Auch wenn er eigentlich nie klagt. Aber auch ich, ich hab immer wieder viele Ängste. Das ist alles ganz schön hart. Wenn er keine Luft kriegt, und wo ich dann den Notdienst anrufe, also Rettungswagen, ham' wir alles schon gehabt.« (34/19)

Und dennoch: Beide pflegen eine gute und enge Beziehung zur Nachbarschaft, da gibt es auch gegenseitige Hilfe, da bringt man mal einer alten Frau, deren Mann gerade gestorben ist, »Essen rüber«. Ganz wichtig ist zudem, was jetzt von den Kindern – und meist gibt es auch schon Enkelkinder – an Zuwendung und Interesse »rüberkommt«. Es gibt im gesamten sozialen Umfeld »viele Kleinigkeiten«, an denen die Menschen gegenseitig merken können, dass sie nützlich sind für andere. Natürlich gibt es auch viele Konflikte, auch der Eheleute untereinander, aber die Grundtendenz ist eher auf Unterstützung angelegt. Die Familie, das sagen viele unserer Befragten, »stärkt einem den Rücken«. »Und wenn du weißt, du hast ein paar Freunde«, dann erleichtert dieses

Wissen so manche dunkle Stunde und bringt wieder etwas Licht ins Leben. Familie kann Erhebliches leisten:

»Also für mich war das eigentlich auch selbstverständlich, dass wir da zusammengehalten haben ... Wir ha'm gelernt zu reden, miteinander zu reden. Und das machen wir eigentlich heute noch, wenn irgendwas is', ja.« (33/9)

Und die Kinder, die »sonst ein dickes Fell haben«, waren zur Stelle, wenn es Not tat:

»Ich mein', auch als das mit meinem Mann war, mit dem Schlaganfall, also da braucht' ich nur irgendwie 'n Ton sagen, und die ha'm mir geholfen damals.« (33/21)

In der überwiegenden Zahl der Interviews werden der Zusammenhalt in der Familie und die Unterstützung durch die Kinder hervorgehoben. Auch wenn die Vulkan-Zeit vielfach durch extreme Überstundenarbeit des Haupternährers und eine entsprechend geringe Präsenz in der Familie gekennzeichnet war, so zeigt sich doch – teilweise sogar durch die Existenz der Enkelkinder vermittelt – eine starke familiäre Verbundenheit, die auf ein positives familiäres Werte-System schließen lässt. Der Begriff des familiären Werte-Systems wurde von dem Heidelberger Therapeuten Helm Stierlin[47] vorgeschlagen, um die gemeinsamen verhaltensleitenden Grundannahmen und Bewertungsmaßstäbe zu benennen. Neben der »innerfamiliären Kommunikation« wird damit eine »ausgeprägte Loyalität der Familienmitglieder zueinander, Vertrauensbereitschaft, Wertschätzung und Einsatzbereitschaft füreinander und die Fähigkeit zu flexiblem Krisenmanagement« beschrieben. All dies finden wir in unserem Interviewmaterial immer wieder.

»So kleinere Ziele« – die Vielfalt von Lebensbereichen als gesundheitliche Ressource

Ein weiteres Beispiel zeigt, wie familiäre, soziale und allgemeine biologische und landschaftliche Umwelt, genauer: die verschiedenen Lebensbereiche, sich positiv ineinanderfügen können:

»Dadurch, dass mein Mann beim Vulkan weggekommen ist – erst hatten wir ja 'ne schwere Zeit, wenn auch kurz, aber war doch nicht immer einfach – hat sich nicht geändert, privat hat sich bei uns nichts geändert. Wir hatten unsere drei Töchter dann, ... na ja, da kamen Schwiegersöhne und die Enkelkinder so nacheinander. (...) Wir haben

---

[47] Stierlin 2001: 83ff.

Garten, wir haben Rasen, wir haben Tiere gehabt früher, er konnte immer was machen. Wir hatten hier noch 'n Opa, Mutter ihr Lebensgefährte, der ist jetzt gerade zwei Jahre tot, der wurde 90, der hatte dann Schafe und Ziegen, und Mutter hatte früher noch Kühe. (...) Und dann war das auch mit Heu holen und so was, und Rüben. Und wie gesagt, wir haben Mutter unten, die is' 84, und die braucht dann auch mit der Zeit mehr Hilfe, man weiß nicht, was die Zeit bringt. Sie kann noch einige Jahre leben, soll sie auch, aber dann ist es auch schön, wenn mein Mann dann zuhause ist, denn machen wir beide das. Man weiß nicht, was kommt, oder es wird so mal sein, dass sie mal nicht mehr ist, plötzlich, dann ha'm wir unten 'ne ganze Menge zu tun. Das sind alles alte Wände, und die Außenwand alt, das muss alles erneuert werden, nicht. Das kostet noch viel Zeit.« (35/28/11 und 22)

Auf die Frage, ob die Vulkan-Pleite für sie, das Ehepaar, eine Krise war oder sie in eine Krise brachte, antwortete die Frau:

»Nee, das war keine Krise. Nein, das war, was weiß ich, gegenseitige Unterstützung. Keine Krise. Nee. Mein Mann war ja auch nich' groß unzufrieden oder so, dass die Familie das gemerkt hat. Vielleicht hat er im Stillen oft gedacht: ›Och, Mensch ...‹, aber er hat sich's nicht anmerken lassen. Dass die Familie drunter gelitten hat, nein, auf keinen Fall. (...) Dass wir die Wand erneuern woll'n, und wenn wir das geschafft haben, dann sind wir auch wieder ganz glücklich. Also, so kleinere Ziele, nicht so überheblich, das können wir auch gar nicht, aber so, mal seh'n, und wenn ab und zu noch mal 'n Urlaub drin is', wär' auch schön.« (35/28/23-26)

An diesem Beispiel zeigt sich, wie sehr soziale Ressourcen im umfassenden Sinne Menschen und Beziehungen stabilisieren und schließlich auch die Gesundheit der Beteiligten stärken können. Dieser Umstand ist in der Sozial- und Gesundheitswissenschaft[48] wohlbekannt. Soziale Ressourcen – gute Beziehungen untereinander und zu Verwandten, Nachbarn, Freunden, Kollegen und Kolleginnen usw. – stehen in Wechselwirkung mit materiellen, kulturellen und gesundheitlichen Ressourcen. Eine materiell gute Lage ist eine sehr nützliche, aber keine hinreichende Bedingung für ein gutes Wohlbefinden.

Umgekehrt können materielle Einschränkungen besser verkraftet werden, wenn das familiäre Klima und das gegenseitige Verstehen »stimmt«. Eine Einbettung in weitere Netzwerke kann die Situation weiter verbessern. Dahinter verbirgt sich eine Grundtatsache unserer menschlichen Existenz: Niemand kann gut leben ohne Anerkennung

---

[48] Keupp u.a. 1999: 254ff. und 267ff.

durch andere und ohne für andere nützlich zu sein. Selbstvertrauen, Selbstachtung und ein gutes Selbstwertgefühl brauchen Aufmerksamkeit, Achtung und Wertschätzung durch andere.

Genauso brauchen wir auch die eigene Zuwendung zu anderen, um das Gefühl von Lebens-Sinn zu gewinnen. Wir müssen auch offen sein für die Anerkennung anderer, d.h. wir dürfen uns nicht verschließen. All das leuchtet auf in der Schilderung der zitierten Ehefrau. Sie weist uns einen Weg zu Zufriedenheit und Glück, der – das mag eine gewagte Hypothese sein – mit der Verbindung zu Land und Natur noch leichter erreicht werden kann als im klassischen Stadtteil-Leben. Zugleich wird deutlich, dass Anerkennung, Zufriedenheit und Glück niemandem »in den Schoß fallen«. Die Grundlagen jener Ziele müssen immer wieder neu ausgehandelt und Stück für Stück – das sind die »kleineren Ziele« – errungen werden.

Ein weiterer Aspekt ist hier zu diskutieren: In der Frauenforschung bestand lange die These, dass Beruf und Familie eine Doppelbelastung darstellen. Diese These ist durch die neuere Forschung[49] widerlegt. Und dies gilt für Männer wie Frauen: Je mehr Rollen man ausübt, je mehr »Felder« man bearbeitet – Beruf, Haushalt, gemeinsame Unternehmungen mit dem Partner oder der Partnerin, mit Kindern, mit Freunden, Hobbys, ehrenamtliche Tätigkeiten usw. – desto geschützter ist man, wenn es mal in einem Bereich nicht so gut läuft. Misserfolge, Ärger und Stress können deutlich besser verkraftet werden, wenn man aus einem anderen Lebensbereich Kraft und Mut holen kann.

Viele Rollen zu haben, bedeutet auch, ein hohes Maß an sozialer Unterstützung zu genießen. Wohl ist es kein Automatismus: Die Rollen müssen sich schon durch gewisse Qualitäten auszeichnen. Hier scheinen Frauen bessere Karten zu haben als Männer, deren Leben traditionell immer noch zugeschnitten ist auf Berufsarbeit und auf den Drang, durch Status und Geld andere zu beeindrucken. Während die Frauen langsam lernen, wegzukommen von dem unheiligen Dreieck »Kinder, Küche und Kirche«, tun sich die Männer schwer, ihr verhängnisvolles Dreieck »Karriere, Konkurrenz und Kollaps« zu überwinden. Nicht nur das offensichtliche Risiko dieses verengten Rollenspektrums sollte zu denken geben – vieles spricht dafür, dass persönliches Lebensglück mit der Vielseitigkeit einer Person, mit Interessenvielfalt, Wahlfreiheiten und Selbstbestimmung korrespondiert.

---

[49] Eickenberg/Hurrelmann 1998; Zwick 2003.

9. Zusammenfassung, Schlussfolgerungen und Perspektiven

Zehn Jahre Vulkan-Pleite: Was ist aus den Menschen geworden? Die Ergebnisse der vorliegenden Studie zeigen: Zwar hat sich der Gesundheitszustand der ehemaligen Vulkan-Belegschaft gegenüber der unmittelbaren Zeit nach der Werftschließung gebessert, doch er ist deutlich schlechter als derjenige der Allgemeinbevölkerung und auch der vergleichbaren Industriearbeiterschaft in Deutschland. Am ausgeprägtesten treten bei den ehemaligen Vulkanesen die Krankheitsgruppe der schweren Rückenerkrankungen auf, eine Folge der extremen körperlichen Belastungen, und die der schweren Lungenerkrankungen, die der Mehrfachexposition durch Asbeststäube, Schweißrauche und Zersetzungsprodukte abgebrannter Beschichtungen geschuldet sind. Auch Depressionserkrankungen kommen unter den ehemaligen Werftarbeitern häufiger vor als bei vergleichbaren Industriearbeitern. Wir müssen annehmen, dass wir das Ausmaß der tatsächlich vorhandenen Depressionserkrankungen in unserer Studie eher noch unterschätzen, da sich derartig Erkrankte seltener oder gar nicht an Befragungen beteiligen. Zugleich erhärten unsere Daten den Verdacht, dass die den schweren Arbeitsbedingungen geschuldeten körperlichen Beeinträchtigungen ein zusätzliches Risiko für seelische Erkrankungen darstellen.

Erneut bestätigt sich ein Befund aus unserer ersten Vulkan-Studie: Gesundheitlich am schwersten ist die Altergruppe der 50- bis 59-Jährigen betroffen. Dass wir innerhalb einer Dekade zweimal ein ganz ähnliches Ergebnis sehen, ist umso erstaunlicher, als sich diese Altergruppe aus völlig anderen Personen zusammensetzt als damals. Die heute über 50-Jährigen waren damals die 40- bis 49-Jährigen, deren Gesundheit deutlich besser war als die der damals 50- bis 59-Jährigen. Und heute stehen die damals Jüngeren in der gleichen Situation wie ihre damals älteren Kollegen. Zwar stehen heute in der Altersgruppe der 50- bis 59-Jährigen knapp zwei Drittel in Arbeit, dies aber unter oftmals schwierigen gesundheitlichen Bedingungen.

Im Klartext: Viele über 50-Jährige gehen mit Bandscheibenschäden und anderen schmerzhaften Erkrankungen arbeiten. Mehr als ein Drittel schafft dies nicht mehr. Personen dieser Gruppe sind entweder schon in Erwerbsminderungsrente oder befinden sich in einem Übergang dazu, d.h. momentan noch in Arbeitslosigkeit und Krankschreibung.

Allerdings gestaltet sich der Übergang in den Frührenten-Status bei vielen Betroffen aufgrund einer hoch restriktiven Begutachtungsmedizin extrem schwierig. Als noch aussichtsloser erscheint die aufgrund der jahrzehntelangen Belastungen nahe liegende Möglichkeit einer Berufskrankheiten-Rente. Hier spielen bewusst mangelhaft gehaltene Arbeitsanamnesen der zuständigen Berufsgenossenschaft und Begutachtungsmedizin in höchst negativer Weise ineinander. Die Erfahrungen der Betroffenen mit Arbeitsagentur, Versorgungsamt, Medizinischem Dienst der Krankenkassen, Rentenversicherung und Berufsgenossenschaft sind im überwiegenden Fall sehr negativ.

Das reichhaltige Interviewmaterial lässt die Schlussfolgerung zu, dass wir es hier mit einer systematischen Entwürdigung durch Institutionen zu tun haben. In Kombination mit den materiellen Sorgen und den berechtigten Zukunftsängsten führt diese Entwürdigung zu einer besorgniserregend hohen Quote an depressiven Erkrankungen: 28% aller und 36% der 50- bis 59-jährigen ehemaligen Vulkanesen leiden an durchgängiger oder phasenweiser Niedergedrücktheit. Und knapp 5% aller – und mehr als 7% der 50- bis 59-jährigen – ehemaligen Vulkanesen leiden an einer schweren Depression. Als Vergleichsdaten haben wir nur Anhaltspunkte, doch liegen die Schätzungen für die Allgemeinbevölkerung bei 12% (Episode) und 2% (schwere Form). Der anerkannte Status der Altersrente entspannt bei vielen offenbar die Situation, sodass sich ihr subjektiver Gesundheitszustand wieder bessert.

In der Gruppe der Interviewten fanden sich jeweils etwa ein Drittel, die dem Bewältigungsverhalten des Durchhaltens, der Phantasie und der Niedergeschlagenheit zuzurechnen sind. Da aber chronisch Erkrankte gegenüber dem gesamten Befragungsrücklauf bei den Interviewten deutlich überrepräsentiert waren, darf angenommen werden, dass mindestens 50% aller Befragten dem Typus des Durchhaltens entsprechen. Ein nicht geringer Teil davon, so muss befürchtet werden, geht trotz Krankheits-Symptomen zur Arbeit. Symptome werden oftmals nicht wirklich als Krankheit begriffen, sondern als »normal«.

Dieses Phänomen wird seit Jahren bei Beschäftigten festgestellt und als Tendenz zur Krankheitsverleugnung[50] beschrieben. Symptome werden nicht ernst genommen oder als Warnzeichen des Körpers verdrängt. Das Problem wird »auf die lange Bank geschoben«. Es handelt sich um eine mehrphasige Abwehr,[51] an deren Ende dann der Zusam-

---

[50] Kocyba/Voswinkel 2007.

[51] Mitscherlich 1967; Overbeck 1984; Hien 2006: 61ff.

menbruch bzw. die schwere Krankheit stehen kann. Personen, die zur Krankheitsverleugnung neigen, tendieren dazu, in einem Fragebogen ihre Gesundheit als »gut« zu bezeichnen, obwohl dies bei genauerem Hinsehen nicht so ist. Dies tun sie gleichsam als erste Reaktion auf derartige Fragen, weil ihnen die Möglichkeit zur Reflexion fehlt, die ihnen ein Gespräch bietet. Befragte – und dies ist eine sehr allgemeine Feststellung – blenden erst einmal ihre Probleme aus und reproduzieren zunächst genau das an Einstellung, Haltung und Norm, was sie zum täglichen Überleben brauchen.

Es sind dies in der Regel verinnerlichte Zwänge, welche ihnen über die gesellschaftlichen Institutionen wie Elternhaus, Schule und Betrieb als unabänderlich, notwendig, erstrebenswert oder in irgend einer Weise als tugendhaft vermittelt wurden. Derartige Haltungen kristallisieren sich im Willen zur Arbeit, zur Leistung und zum beruflichen Erfolg. Diese Ziele bedürfen der Arbeits- und Leistungsfähigkeit. Also wird man alles tun, um diese zu erhalten oder wiederherzustellen.

»Gesundheit« ist in unserer Kultur immer auch gleichbedeutend mit Arbeits- und Leistungsfähigkeit.[52] Und hinter dem »Gesundheitswillen«, der Gegenstand von tausenderlei Ratgebern ist, darf immer auch der Wille vermutet werden, den allgemein anerkannten und allgemein bekannten Standards, an denen sich Erfolg misst, zu genügen.[53] Diese eingeimpften Standards, die wir alle bewusst oder unbewusst im Kopf haben und mit »Normalität« oder »Glück« identifizieren, treiben uns an. Sie tun dies tragischerweise oftmals auch über unsere körperlich-leiblichen Grenzen hinaus.

Spätestens hier werden Normalitätsdiktat und Glücksversprechen der Leistungsgesellschaft fraglich. Der Grundsatz: »Wer arbeiten will, muss gesund sein!« verkehrt sich in sein Gegenteil: Leistung und Gesundheit gehen in ihrer biographischen Konsequenz nicht ineins. Überbeanspruchung und ruinöse Verausgabung machen krank. Dem allzu langen Durchhalten folgt leider oft die Niedergeschlagenheit. Die Diskussion über Krankheitsverleugnung böte die Chance, neben der Leistung auch Achtsamkeit und Sorge für sich und andere in den Katalog der arbeitspolitischen Zielgrößen aufzunehmen.

Die in dieser Studie gewonnenen empirischen Erkenntnisse stammen nicht aus einem »Museum der Arbeit«, sondern sie sind der aktuellen Wirklichkeit der Industriearbeit in Deutschland entnommen. Auch wenn die sehr schwere körperliche Arbeit derzeit wahrscheinlich leicht

---

[52] Parsons 1964; Horn u.a. 1983.
[53] Keupp 1995; Keupp 2003.

abnimmt, so gibt es – das zeigt die Qualität der Nach-Vulkan-Arbeitsplätze, über die unsere Interviewten berichten – nach wie vor körperlich anstrengende, ermüdende, stressige und insofern gesundheitsschädigende Arbeit auch bei uns. Das Gerede von »inzwischen gesünderen Arbeitsverhältnissen« ist unhaltbar.

Während körperliche Arbeitsbelastungen als Hauptfaktor für vorzeitigen körperlichen Verschleiß anzusehen sind, stellt sich die Situation für seelische Erkrankungen etwas anders dar. Obwohl auch von stressigen Arbeitsbedingungen während und nach dem Vulkan erzählt wurde, belegen unsere quantitativen und qualitativen Daten eindeutig, dass hierfür Arbeitslosigkeit hauptsächlich verantwortlich zu machen ist. Mit anderen Worten: Arbeitslosigkeit ist der relevanteste Verursachungsfaktor für die Verschlechterung der subjektiven und psychischen Gesundheit. Verglichen mit den erwerbstätigen ehemaligen Vulkanesen verschlechtert sich die subjektive Gesundheit durch Arbeitslosigkeit um das knapp Vierfache, und die Depression erhöht sich sogar um das Fünffache.

Sehr schlimm dran waren auch viele Ehefrauen, und sie sind es teilweise heute noch. Wir vermögen hier nicht, Prozentzahlen anzugeben, können aber aus dem vorliegenden Interviewmaterial schließen, dass ein nicht unerheblicher Anteil der Ehefrauen ebenfalls gesundheitlich stark »in Mitleidenschaft« gezogen wurde. In manchen Fällen übertrug sich insbesondere das seelische Leid – im Rahmen des familiären Systems – überwiegend oder gar ausschließlich auf die Frauen.

Insgesamt zeigt das vorliegende Material unserer Studie, dass die Wechselwirkungen zwischen Geist – Psyche – und Körper – Soma – sowie zwischen psychosomatischer Einheit und sozialem Umfeld höchst bedeutsam sind und kaum überschätzt werden können. Deswegen ist es auch gerechtfertig, von einem sozio-psycho-somatischen Geschehen[54] zu sprechen. Die somatische Kultur körperlich beanspruchender Arbeit in Industrie und Handwerk erzeugt vielfältige Körperschäden, die das Leben gravierend beeinträchtigen können. Diese Beeinträchtigungen führen den betroffenen Menschen mitunter an den Abgrund des Daseins. Wem »die Luft wegbleibt«, der kommt mit Gefühlen in Berührung, die sich ein gesunder Mensch nicht vorstellen kann. Umgekehrt verlagern sich psychische Spannungen ins Innere des Körpers und können ihrerseits vielfältige somatische Schäden – Rücken, Herz, Niere usw. – nach sich ziehen. So erhöht sich bei denjenigen, die sich wegen der

---

[54] Ferber/Ferber/Pöhler 1983.

Arbeit unter Druck fühlen, die Quote der Rückenerkrankungen um das Dreifache.

Dies ist ein erneuter Beleg für die These, dass der psychische Druck sich eindeutig negativ auf das Muskel-Skelett-System und insbesondere auf den Bereich der Lendenwirbelsäule auswirkt. Der psychische Druck verformt gleichsam an dieser sensiblen Stelle den Körper. Diese Zusammenhänge sind der psychosomatischen Medizin seit langem wohlbekannt.[55] Die Widerfahrnisse, die eine Person im Laufe ihres Lebens erfährt, schreiben sich gleichsam in den Körper ein, das positive wie negative Erleben wird vom Menschen im Laufe seiner Biographie einverleibt. Der Körper-Leib ist Grundbedingung menschlichen Handelns. Die verletzte Leiblichkeit – und das ist nun mal bei einer Mehrheit der über 50-jährigen ehemaligen Werftarbeiter der Fall – schränkt das Handeln schmerzhaft ein. Der »Arbeitskörper« ist beschädigt und teilweise zerstört. Damit sind auch Selbstbewusstsein und Identität gefährdet. »Die Verwundbarkeit einer Person ist dort am größten, wo ihr ›Lebensmittelpunkt‹ betroffen ist.«[56]

Vielleicht wäre es an der Zeit, darüber nachzudenken, ob es noch richtig sein kann, dass Menschen immer wieder über einen ruinösen Raubbau an ihrer Gesundheit Anerkennung und Selbstwert beziehen. Und man machte es sich zu leicht, wenn man den Betroffenen – allein oder hauptsächlich – die Schuld in die Schuhe schieben würde. Selbstverständlich sind sie auch Mitspieler gewesen in diesem System, das krankmacht; und selbstverständlich muss über die rigide Arbeitsfixierung, woraus beispielsweise ein aus heutiger Sicht unfassbares Überstundenkontingent erwuchs, diskutiert werden. Und selbstverständlich ist ein Durchhalte-Syndrom gesundheitlich kontraproduktiv.

Aber auf der anderen Seite rechnen die Unternehmen genau damit, dass sich möglichst viele Menschen diesem Zwang und diesem Raubbau unterwerfen.[57] Die Hauptakteure in diesem System waren und sind nicht die Arbeitenden. Es sind die Verantwortlichen in Wirtschaft und Politik, die sich seit Jahr und Tag Gedanken machen über den Geschäftserfolg, nicht aber über die Bedingungen, unter denen Beschäftigte diesen Erfolg erarbeiten.

Und wenn wir die Situation der bereits Geschädigten oder derjenigen betrachten, deren Chancen auf dem Arbeitsmarkt gleich Null sind, wäre es auch an der Zeit, über eine menschenwürdige Grundsicherung zu reden, die dem Spießrutenlaufen durch entwürdigende Institutionen ein

---

[55] Kütemeyer/Schulz-Venrath 1996.

[56] Zwick 2003: 15.

[57] Dies gilt auch für »moderne« Branchen (vgl. dazu: Kocyba/Voswinkel 2007).

Ende setzen könnte. Es braucht kaum erwähnt zu werden, dass vor dem Hintergrund einer nach wie vor körperlich schweren Werftarbeit die Höhersetzung des Rentenalters nur als weitere Hürdensetzung, als materielle wie psychosoziale Entwertung der Betroffenen, zu sehen ist.

Wir haben festgestellt: Krankheit ist eine Lebenskritik, die das ans Licht bringt, was dem Leben gefehlt hat oder – zu einer Gesundung bzw. gesundheitlichen Stabilisierung – noch fehlt, was das Leben gebraucht hätte oder noch braucht. Die Biographien und deren Erzählung durch ihre Träger hat für diese einen gewissermaßen heilsamen Effekt: Im Erzählen verstehen sich die Subjekte – zumindest ein Stück mehr – selbst, indem sie sich anderen mitteilen und so ihren eigenen Lebensfaden in das Gesamtgewebe der Kultur einweben, deren Teil sie sind. Erzählen ist ein Prozess, der über den Anderen auf Anerkennung und Selbstvergewisserung zielt.

Das Beeindruckende an den Interviews, die wir im Rahmen dieses Projekts durchführten, ist die Offenheit, die Nachdenklichkeit und die existenzielle Problematisierung, die uns begegneten. Die Erzählenden kamen oft an Grundfragen des Lebens heran, für die es keine eindeutigen Antworten gibt. Doch bei aller Reflektiertheit und Nachdenklichkeit muss zunächst festgehalten werden: Ohne eine menschenwürdige und die Lebensumstände der Betroffenen einbeziehende materielle Grundsicherung erübrigt sich jede Diskussion über Lebensfreude und Lebenssinn.

Einmal von dieser Grundvoraussetzung abgesehen, braucht gelingende Identität und gute relative Gesundheit sozialen Rückhalt, d.h. eine Einbindung in gute persönliche Beziehungen, insbesondere im familiären System, in sozialen Netzwerken und in sinngebenden Aktivitäten. Aus den Vulkan-Interviews wurde deutlich: Die Freude, die ein gelingendes Leben der Kinder und die Beschäftigung mit den Enkelkindern vermitteln können, ist von unschätzbarem Wert. Dieser Wert erhöht sich noch, wenn die Sorge um die eigenen Eltern in das aktuelle Leben positiv eingebunden werden kann.

Der französische Soziologe Pierre Bourdieu sagt: Neben dem materiellen Kapital brauchen wir, um in einer guten Weise zu überleben, soziales und kulturelles Kapital.[58] Dazu gehört, dass Menschen um Traditionen wissen, an denen sie sich orientieren und Vertrauen bilden können. Was vom Neoliberalismus als Beginn der großen Freiheit gepriesen wird, ist nichts anderes als die Tatsache, dass uns der Bo-

---

[58] Vgl. Keupp u.a. 1999: 198ff.; zur Theorie und Empirie des sozialen Kapitals als Gesundheitsressource vgl. auch: Siegrist 2002; Liukkoen u.a. 2004; Phongsavan u.a. 2006.

den, der uns Halt und Verlässlichkeit geboten hat, unter den Füßen weggezogen wird. Niemand will die Rückkehr in festgefügte starre Strukturen, die einem keine Luft mehr zum Atmen lassen und die jede »Abweichung« aufs Kleinlichste bestrafen. Und ganz sicher ist eine Gesellschaft erstrebenswert, in der die Vieldeutigkeit des Lebens, die Vielseitigkeit von Personen, ihre Verschiedenheit, Eigensinnigkeit und Phantasie Raum haben. Aber Traditionslosigkeit, Gedächtnislosigkeit und Erinnerungslosigkeit nehmen uns etwas, was wir so nötig haben wie das tägliche Brot. Sie nehmen uns unsere Wurzeln; und ohne Wurzeln kann auch ein Baum nicht leben und schon gar nicht blühen.

Die Erlebnisweise der Phantasie und der Lust am Leben brachte beeindruckende Potenziale an den Tag, mit deren Hilfe die Betroffenen – freilich in ganz bestimmten Grenzen – eine gesundheitliche und seelische Stabilisierung für sich erreichen konnten. Diese Erlebnisweise war durch einen weiteren Umstand gekennzeichnet: Hier stehen Vergangenheit, Gegenwart und Zukunft in einem engen Wechselverhältnis, auch für jeden ganz persönlich. Danach gefragt, ob sie sich – wenn sie die Wahl hätten – heute anders verhalten und entscheiden würden als früher, gaben uns viele die engen Grenzen zu bedenken, in denen sie ihr Leben gestalten mussten. Zugleich aber räumten viele der Befragten ein, dass sie heute sorgsamer mit ihren eigenen gesundheitlichen Ressourcen umgehen würden. Wer so denkt, hat eine Ahnung davon, wie ein menschenwürdiges Leben aussehen könnte und welcher Bedingungen dieses bedarf.

Der große französische Philosoph Jean Paul Sartre weist in seinem Hauptwerk »Das Sein und das Nichts« auf die triviale, aber oft missachtete Tatsache hin, dass kein Mensch seiner eigenen Vergangenheit entrinnen kann. Das, was gewesen ist, ist unabänderlich. Aber ich kann die Perspektive verändern, unter der ich das Vergangene sehe. Die Bedeutung der Vergangenheit sei, so Sartre,[59] »streng abhängig von meinem gegenwärtigen Entwurf«. Ich habe zu meiner Vergangenheit zu stehen, sie ist »ganz da, drängend, akut, gebieterisch«, aber ihren Sinn, die sie mir gibt, wähle ich selbst, und zwar durch den Entwurf, den ich meinem Leben heute gebe: »Indem ich mich auf meine Ziele hin entwerfe, rette ich die Vergangenheit in mir.« Unsinnig ist es, in die Vergangenheit zu flüchten und sich nur noch in Wehmut und Melancholie zu ergehen. Genauso wenig sinnvoll ist es, sich in die Zukunft zu flüchten und sich seinen bodenlosen Träumereien hinzugeben. Am traurigsten ist es, wenn wir Gewesenes verleugnen, Lebensimpulse

---

[59] Sartre 1943/1993: 856ff.

verdrängen und uns in einem Gehäuse einigeln, aus dem heraus weder wir die Umwelt, noch die Umwelt uns verstehen können. Das wäre die Lösung eines stoischen Ertragens, einer stummen Resignation.

Nein, alles einfach hinzunehmen, ist keine Lösung. Dorothee Sölle fordert uns im Gegenteil dazu auf, Ungerechtigkeit, Klage und Anklage, die jedem Leid innewohnen, hörbar zu machen. »Das Leiden muss Sprache finden und benannt werden. Es ist notwendig, dass Menschen zum Sprechen kommen, um nicht vom Unglück zerstört und von der Apathie verschluckt zu werden.«[60] Nur so kann sich menschliche Nähe, Mitgefühl, Solidarität und Hoffnung herstellen.

Diese Öffnung füreinander ist sehr wichtig: Die Beziehung zum Anderen und der Glaube an etwas allen Menschen Gemeinsames – die Liebe zum Leben – gibt uns die Kraft zum Weiterleben. Was Not tut, für die ehemals bei Vulkan Beschäftigten wie für uns alle, ist, sich ohne Bitternis zu erinnern, auch – soweit dies geht – sich und anderen zu verzeihen, und zugleich ein In-die-Zukunft-Schauen zuzulassen, eine Weltoffenheit, die uns – trotz allen Leides – einen Blick für das Schöne öffnet, was uns umgibt und in uns ist. Was Not tut, ist die Erinnerung an die Verhältnisse, die uns oft genug daran gehindert haben, das Richtige zu erkennen. Wir brauchen diese Erinnerung und dieses Erkennen als Beitrag dafür, eine bessere, eine menschlichere Zukunft aufzubauen.

---

[60] Sölle 1973: 97

Literatur

Baars, S. u.a. (2004): Verbandsmitteilung: gewerbeärztliche Erfahrungen und Auswertung von Zusammenhängen zur Berufskrankheit BK 2108. In: Arbeitsmedizin, Sozialmedizin, Umweltmedizin. Band 39, Heft 3, S. 134-144.

Beck, U. (1986): Risikogesellschaft. Auf dem Weg in eine andere Moderne. Frankfurt a.M.: Suhrkamp.

Beck, U./Giddens, A./Lash, S. (1995): Reflexive Modernisierung. Eine Kontroverse. Frankfurt a.M.: Suhrkamp.

Behrens, J./Elkeles, T./Schulz, D. (1998): Begrenzte Tätigkeitsdauer und relative Gesundheit. In: Heinz, W.R. u.a. (Hrsg.): Was prägt Berufsbiographien? Beiträge zur Arbeitsmarkt- und Berufsforschung Nr. 215. Nürnberg: Druckhaus Bayreuth, S. 196-228.

Belitz, W. (2003): Arbeit – unser täglich Brot. Sozialethische Texte zu Arbeit und Wirtschaft. Bochum: SWI-Verlag.

Böhle, F. (1989): Körper und Wissen. In: Soziale Welt. Jahrgang 40, Heft 4, S. 497-512.

Bundesregierung (2005): Zweiter Armuts- und Reichtumsbericht. Bonn. Eigendruck.

Dürr, H.-P. (2004): Auch die Wissenschaft spricht nur in Gleichnissen. Stuttgart: Herder.

Eikenberg, H.-U./Hurrelmann, K. (1998): Warum fällt die Lebenserwartung von Männern immer stärker hinter die der Frauen zurück? In: Gesundheitsakademie (Hrsg.): Die Gesundheit der Männer ist das Glück der Frauen? Frankfurt a.M.: Mabuse-Verlag, S. 77-98.

Ferber, C. v./Ferber, L.v./Pöhler, W. (1983): Gesundheitsgerechte Arbeitsgestaltung – eine soziologische Utopie? In: Baethge, M./Essbach, W. (Hrsg.): Soziologie: Entdeckungen im Alltäglichen. Frankfurt a.M.: Campus, S. 305-330.

Ferraro, K.F./Farmer, M.M. (1999): Utility of health data from social surveys: Is there a gold standard for measuring morbidity? In: American Sociological Review, Band 64, S. 303-315.

Flick, U. (1996): Qualitative Forschung. Theorie, Methoden, Anwendung in Psychologie und Sozialwissenschaften. Reinbek bei Hamburg: Rowohlt.

Goldberg, D. u.a. (1988): Detecting anxiety and depression in general medical settings. In: British Medical Journal, Band 297, S. 897-899.

Hau, S./Busch, H.-J./Deserno, H. (2005): Depression – zwischen Lebensgefühl und Krankheit. Göttingen: Vandenhoeck und Rupprecht.

Hautzinger, M. (2006): Ratgeber Depression. Informationen für Betroffene und Angehörige. Göttingen: Hogrefe.

Hien, W./König, C./Milles, D./Spalek, R. (2002): Am Ende ein neuer Anfang? Arbeit, Gesundheit und Leben der Werftarbeiter des Bremer Vulkan. Hamburg: VSA-Verlag.

Hien, W./König, C./Milles, D. (2002): Arbeitsplatz und Gesundheit im Lebensverlauf. Eine Typisierung biographischer Übergänge am Beispiel ehemaliger Vulkan-Werftarbeiter. In: WSI-Mitteilungen, Heft 2/2002.

Hien, W. (2005): Arbeit, Gesundheit und Krankheit in biographischer Perspektive.

In: Kuhn, J. u.a. (Hrsg.): Leben, um zu arbeiten. Betriebliche Gesundheitsförderung unter biographischem Blickwinkel. Frankfurt a.M.: Mabuse, S. 111-130.
Hien, W. (2006): Arbeitsbedingte Risiken der Frühberentung. Eine arbeitswissenschaftlich-medizinsoziologische Interpretation des Forschungsstandes. Bremerhaven: NW-Verlag.
Horn, K./Beier, C./Wolf, W. (1983): Krankheit, Konflikt und soziale Lage. Eine empirische Studie subjektiver Sinnstrukturen. Opladen: Westdeutscher Verlag.
Jahoda, M./Lazarsfeld, P.F./Zeisel, H. (1933/1975): Die Arbeitslosen von Marienthal. Frankfurt a.M.: Suhrkamp.
Jünger, E. (1932/1982). Der Arbeiter. Herrschaft und Gestalt. Stuttgart: Klett.
Keil. A. (1999): Zur Leibhaftigkeit menschlicher Existenz. In: Alheit, P. u.a. (Hrsg.): Biographie und Leib. Frankfurt a.M.: Psychosozial-Verlag, S. 73-88.
Keil, A. (2006): Dem Leben begegnen. Vom biologischen Überraschungsei zur eigenen Biographie. Kreuzlingen-München: Heinrich Hugendubel.
Keupp, H. u.a. (1999): Identitätskonstruktionen. Das Patchwork der Identitäten in der Spätmoderne. Reinbek bei Hamburg: Rowohlt.
Keupp, H. (2003): Zukünfte des Individuums: Fitness für den Markt oder Selbstsorge in der Zivilgesellschaft. In: Birbaumer, A./Steinhardt, G. (Hrsg.): Der flexibilisierte Mensch. Heidelberg: Asanger, S. 297-315.
Kocyba, H./Voswinkel, S. (2007): Krankheitsverleugnung – Das Janusgesicht sinkender Fehlzeiten. In: WSI-Mitteilungen, Heft 3/2007, S. 131-137.
Kreienbrock, L./Schach, S. (1995): Epidemiologische Methoden. Stuttgart: Gustav Fischer.
Kuhn, J./Göbel, E./Busch, R. (Hrsg.) (2005): Leben, um zu arbeiten. Betriebliche Gesundheitsförderung unter biographischem Blickwinkel. Frankfurt a.M.: Mabuse.
Kütemeyer, M./Schulz-Venrath, U. (1996): Lumbago-Ischialgie-Syndrome. In: Uexküll, Th. v. (Hrsg.): Psychosomatische Medizin. 5. Auflage. München: Urban und Schwarzenberg, S. 881-894.
Liukkonen, V. u.a. (2004): Social capital in working life and the health of employees. In: Social Science and Medicine, Band 59, S. 2447-2458.
Lüth, P. (1986): Medizin in unserer Gesellschaft. Weinheim: Edition Medizin des VCH-Verlags.
Marmot, M. (2004): Status Syndrome. How social standing directly affects your health. London: Bloomsbury.
Marx, K. (1972/2004): Das Kapital. Kritik der politischen Ökonomie. Nachdruck der zweiten Auflage. Paderborn: Voltmedia.
Mayring, P. (1990): Einführung in die qualitative Sozialforschung. München: Psychologie Verlags Union.
Mitscherlich, A. (1967): Krankheit als Konflikt. Studien zur psychosomatischen Medizin, Band 2. Frankfurt a.M.: Suhrkamp.
Müller, R. (2005): Die Biographie als gesundheitliche Kategorie. In: Kuhn, J. u.a. (Hrsg.): Leben, um zu arbeiten. Betriebliche Gesundheitsförderung unter biographischem Blickwinkel. Frankfurt a.M.: Mabuse, S. 43-55.
Neuberger, O. (1985): Arbeit. Begriff – Gestaltung – Motivation – Zufriedenheit. Stuttgart: Enke.
Neumann, E. (1984): Zur Methode der Durchführung und hermeneutischen Interpretation von Interviews. In: Zoll, R. (Hrsg.): Hauptsache, ich habe meine

Arbeit. Frankfurt a.M.: Suhrkamp, S. 118-134.
Nietzsche, F. (1878/1999): Menschliches Allzumenschliches. Kritische Studienausgabe, Band 2. München. Deutscher Taschebuch Verlag.
Nietzsche, F. (1887/1999): Zur Genealogie der Moral. Kritische Studienausgabe, Band 5. München. Deutscher Taschenbuch Verlag.
Overbeck, G. (1984): Krankheit als Anpassung. Der sozio-psychosomatische Zirkel. Frankfurt a.M.: Suhrkamp.
Parsons, T. (1964/1984): Definition von Gesundheit und Krankheit im Lichte der Wertbegriffe und der sozialen Struktur Amerikas. In: Mitscherlich, A. u.a. (Hrsg.): Der Kranke in der modernen Gesellschaft. Frankfurt a.M.: Syndikat/ EVA, S. 57-87.
Petzold, H. (Hrsg.) (1986): Leiblichkeit. Philosophische, gesellschaftliche und therapeutische Perspektiven. Paderborn: Junfermann-Verlag.
Phongsavan, P. u.a. (2006): Social capital, socio-economic status and psychological distress among Australian adults. In: Social Science and Medicine, Band 63, S. 2546-2561.
Poersch, M. (2007): Wiedereingliederungstherapie in das Erwerbsleben für depressiv/psychosomatisch kranke Erwerbstätige mit initial stabiler Erwerbsbiographie. In: Arbeitsmedizin, Sozialmedizin, Umweltmedizin, Band 42, S. 228-235.
Rattner, J./Danzer, G. (1997): Medizinische Anthropologie. Ansätze einer personalen Heilkunde. Frankfurt a.M.: Fischer.
RKI (Robert-Koch-Institut) (1998): Bundesgesundheitssurvey. Erfahrungen, Ergebnisse, Perspektiven. In: Das Gesundheitswesen, Band 61, S. 55-222.
Rose, U./Jacobi, F. (2006): Gesundheitsstörungen bei Arbeitslosen. In: Arbeitsmedizin, Sozialmedizin, Umweltmedizin. Band 41, Heft 12, S. 556-564.
Sartre, J.-P. (1943 / 1993): Das Sein und das Nichts. Versuch einer phänomenologischen Ontologie. Reinbek bei Hamburg: Rowohlt.
Schipperges, H. (1986): Das Konzept der Leiblichkeit bei Friedrich Nietzsche. In: Petzold, H. (Hrsg.): Leiblichkeit. Philosophische, gesellschaftliche und therapeutische Perspektiven. Paderborn: Junfermann-Verlag, S. 133-147.
Seidler, A. (1998): Berufsbedingte Erkrankungen der Wirbelsäule. In: Elsner, G. (Hrsg.): Leitfaden Arbeitsmedizin. Hamburg: VSA-Verlag, S. 254-264.
Siegrist, J. (2002): Soziales Kapital und Gesundheit. In: Das Gesundheitswesen, Band 64, S. 189-192.
Sölle, D. (1973): Leiden. Stuttgart: Kreuz-Verlag.
Sölle, D. (1999): Lieben und Arbeiten. Eine Theologie der Schöpfung. Hamburg: Hoffmann und Campe.
Stierlin. H. (2001): Christsein hundert Jahre nach Nietzsche. Systemisch-therapeutische Perspektiven. Weilerswist: Velbrück Wissenschaft.
Virtanen, P. u.a. (2003): Health inequalities in the workforce: the labour market core-periphery structure. In: International Journal of Epidemiology, Band 32, S. 1015-1021.
Wege, C. (2002): Der Kult der Arbeit. In: Bröckling, U./Horn, E. (Hrsg.): Anthropologie der Arbeit. Tübingen: Gunther Narr Verlag, S. 231-240.
Zwick, M.M. (2003): Männlichkeit als Risiko. Manuskript an der FH Furtwangen.